KB253778

스마트 권력이 바꾸고 있는 것들

스마트 권력이 바꾸고 있는 것들

스마트 권력이 바꾸고 있는 것들

사상 초유의 권력 투쟁이 시작됐다!

이승제 지음

21세기북스

이 책을 집필하던 중 한국의 스마트 권력의 성장과 관련해 매우 중대한 변수가 발생했습니다. 2012년 4월 총선에서 '나는 꼼수다(이하 나꼼수)' 멤버인 김용민 씨가 민주통합당 국회의원 후보로 나섰다 낙선한 것입니다. 그의 좌절 과정은 한국의 스마트 권력이 성장하기 위해서는 어떤 오류를 경계해야 하는지 보여 줍니다. 언뜻 보면 사소해 보이는 한계와 오류지만 반복된다면 스마트 권력의 형성·확산이 지연될 수도 있습니다.

4월 총선은 야당에게 참담함을 맛보게 했습니다. 야당은 제1당이 되는 것을 기정사실화했지만 새누리당의 반격에 참패했습니다. 선거 이전에 실시된 각종 여론 조사는 통합 야당의 압승을 예측했지만 뚜껑을 열고 보니 모두 빗나갔습니다. 이제 막 등장한 스마트 권력의 잠재력에 깜짝 놀라고 두려워하던 정치권력과 보수언론은

'지금이 기회'라며 일제히 스마트 권력을 폄훼하기 시작했습니다.

야당 참패 이후 "김용민 후보의 잇단 막말 파문으로 야당은 경합 지역 중 최소한 15곳 이상을 잃었다"는 언론사 분석이 잇따랐습니다. "아직 SNS(소셜네트워크서비스)는 선거의 대세를 결정짓는 핵심요인이 아니다"라는 취지의 기사들이 봇물처럼 쏟아졌습니다. SNS를 적극 활용하는 층이 수도권, 20~40대로 국한돼 있어 SNS의 위력은 아직 제한적이라는 분석이 나왔습니다. SNS가 '끼리끼리' 소통에 그치고 있고 안티와 막말의 생성 공간에 불과하다는 비판이 제기됐습니다. 선거 전에는 "SNS가 투표율과 표 향방을 가를 핵심동력이 될 것"이라고 주장하던 모든 언론이 야당 참패 이후 일제히 SNS의 한계를 집중 조명하기 시작한 것입니다.

하지만 진보 진영을 중심으로 "그나마 이 정도 성과를 낸 것은 나꼼수와 SNS의 약진이 있었기에 가능했다"는 반격이 등장했습니다. 민주통합당을 비롯한 야권이 공천·선거전략 등에서 엄청난 오류를 저질렀기 때문에 더 크게 패할 수도 있었지만 나꼼수와 SNS의 방어로 그나마 성과를 냈다는 논리입니다.

기대가 크면 실망도 큰 법입니다. 깊은 사랑이 방향을 잃으면 지독한 증오로 이어집니다. 나꼼수에 대한 애정과 비판이 딱 그렇습니다. 나꼼수의 활약과 나꼼수에 대한 열정적인 애정은 스마트 권력의 형성과 파괴력을 가장 확실하게 보여 줬습니다. '나꼼수 광팬'들은 자신들이 기다렸던 목소리의 등장에 열광했습니다. 나꼼수 열풍은 스마트 권력의 확산성과 엄청난 파괴력을 미리 보여 주는 예고편이었던 것입니다(나꼼수가 스마트 권력의 새싹이 된 이유는 Chapter 9의 '나꼼수, 스마트 권력의 출현을 예고하다'에서 자세히 다루고 있습니다). 선거 과정에서 야당이 일제히 나꼼수를 향해 '러브콜'을 보낸 것도 이 때문입니다.

여기서 한 가지 중요한 질문을 던져야 합니다. 김용민 후보의 막말 파문과 낙선, 그리고 야당의 패배가 나꼼수와 SNS에 대한 비판으로 이어지는 게 합당한 일일까요? 아닙니다. 두 가지는 분명 다른 결을 갖고 있는 사안입니다. 조직과 조직원은 물론 떼려야 뗄 수 없는 관계를 갖고 있지만 조직원의 개인적인 잘못을 조직의 오류로 확대 해석해서 비판하는 것은 온당치 않습니다. 나꼼수와 김용민 후보에 대한 비판이 곧 스마트 권력의 무한한 잠재력과 역사적 의미를 부정하는 수단이 될 수 없다는 것입니다.

하지만 보수언론들은 김용민 후보, 나꼼수, SNS를 같은 테두리 안으로 분류한 뒤 나꼼수 멤버 김용민 후보의 실패와 SNS의 한계를 동일 선상에 놓고 비판했습니다. 왜 그랬을까요? 스마트 권력의 핵심 채널인 SNS의 위력이 점점 거세지는 것에 위기를 느끼던 제도권 언론들이 이번에 발생한 사건을 두고 "너 딱 걸렸다"며 쾌재를 불렀던 것입니다.

스마트 권력은 도도한 역사 흐름을 올라타고 이제 강력한 날갯짓을 시작했습니다. 하지만 이처럼 뜻하지 않은 사건이 발생할 경우 스마트 권력의 형성·확산은 지체될 수도 있습니다. 스마트 권력은 기층 민중의 마음과 감성과 상식을 최대 기반으로 삼고 있기 때문에 그들의 가슴을 파고들지 않는다면 그 힘이 제대로 응축되고 확산될 수 없기 때문입니다.

이런 점에서 김용민 후보와 나꼼수가 선거 패배 이후 보여 준 행동은 매우 실망스럽습니다. 스마트 권력의 새싹으로 당당히 자리매김한 그들은 (원치 않았지만) 자신들이 스마트 권력이 폄훼되는 빌미를 제공했다는 점에서 깊이 반성해야 했습니다. 왜 나꼼수가 비판의 대상이 됐는지 들여다보고 깊은 반성과 함께 새로운 각오를 제시했습니다. 나꼼수에 대한 열광에 취해 자만하지 말고 보다 겸손하게, 또는 보다 당당하게 자신들의 오류와 한계를 인정하고 새로운 날갯짓을 다짐해야 했습니다. 하지만 "잡놈에게 반성은 이틀이면 충분하다"는 게 그들의 공식 반응이었습니다.

한때의 한풀이식 폭로로는 부족합니다. '지르고 본다'는 대담한 주먹질은 방향 감각 없는 무모한 발걸음처럼 허망하기 마련입니다. 어찌 보면 나꼼수의 가장 큰 장점이 한순간에 가장 큰 단점으로 비춰진 측면도 있습니다. 나꼼수는 특유의 욕망 폭로 방식과 형식 파괴, 유머, 블랙 코미디, 페이소스를 통해 자유롭게 훨훨 날아다녔습니다. 이 때문에 나꼼수는 노마드 권력인 스마트 권력의 특징을 살릴 수 있었습니다.

유머, 재치, 희화화는 매우 즐거운 방식입니다. 사람들의 귀와 입을 즐겁게 하는 소재입니다. 하지만 이것만으론 부족합니다. 나꼼수의 파괴력은 바로 팩트에 대한 특종과 폭로에 있었습니다. 나꼼수 광팬들은 나꼼수 멤버들의 말걸기 스타일만을 좋아한 것은 아닙니다.

나꼼수의 한계는 곧 새로운 가능성을 향한 의지를 북돋고 있습니다. 스마트 권력의 형성과 확산을 위해서는 어떤 것을 경계해야 하는지 보여 주는 초기 사례로서 말입니다. 스마트 권력이 성장해 나가는 지난한 과정에서 나꼼수의 성과와 한계는 아주 훌륭한 나침반이자 교본이 될 것입니다. 나꼼수는 분명 스마트 권력의 예고편이자 새싹으로서 주어진 임무를 능동적으로 뛰어나게 수행했습니다. 그들의 용기와 미래를 꿰뚫는 혜안은 두고두고 가치를 인정받을 것입니다. 스마트 권력이 빠지지 말아야 하는 오류와 함정을 미리 알려 줬다는 점에서 더욱 그렇습니다.

역사는 겉으로 보면 성실한 모범생은 아닙니다. 규칙적으로 공부하고 숙제하는 타입이 아닙니다. 언뜻 보면 대부분의 시간을 놀고 있는 것처럼 보입니다. 하지만 그것은 어디까지나 속임수입니다. 역사는 자신이 열심히 공부하는 모범생처럼 보이는 것을 꺼립니다. 하지만 남몰래 시간을 쪼개 차근차근 자신을 살찌웁니다.

역사는 평소 게으름을 피우는 것처럼 보이지만 때가 되면 갑자기 자신을 싸고 있는 껍데기를 과감히 벗어 던집니다. 평범한 누에고치가 하루 사이에 화려한 나비로 환골탈태해 자유롭게 날아가듯 역사도 어느 한순간 떨쳐 일어나 비상합니다. 그때가 되면 모든 것이 변합니다. 마치 축지법을 부리듯 성큼성큼 저 멀리 내달리는 역사를 뒤쫓기 위해 모두 안간힘을 씁니다. 정치·경제·사회·사상·문화 그리고 민초들의 생활이 바뀝니다. 역사가 일으키는 새로운 변화의 바람을 피해갈 수는 없습니다.

지금, 역사가 다시 졸음에서 깨어나 날갯짓을 시작했습니다. 그것도 그냥 그저 그런 움직임이 아닙니다. 인류 역사상 전에 없던 새로운 바람을 일으키기 위해 역사는 에너지를 모았고 이제 그 힘을 날개에 싣기 시작했습니다.

이번 변화의 동력은 스마트 혁명입니다. 스마트 혁명은 인류가 오랫동안 쌓아 온 최첨단 기술의 결집체입니다. 스마트폰, 태블릿 PC 등 스마트 기기를 손에 쥔 민초들은 새로운 꿈과 희망을 갖기 시작했습니다. 손 안의 장난감에 그칠 줄 알았던 스마트 기기는 SNS와 결합해 가공할 위력을 발휘하기 시작했습니다. 전 세계 인류가 스마트 기기와 스마트 네트워크의 결합, 즉 스마트 인프라를 통해 무한 소통에 들어갔습니다.

스마트 인프라는 스마트 정보를 낳고 스마트 정보는 글로벌 차원의 집단이성을 향해 나아가며 스마트 권력을 탄생시킵니다. 스마트 권력은 기존 권력을 대체하는, 또 다른 탐욕이 아닙니다. 스마트 권력은 기존 권력의 욕망을 견제하고 그에 대항하는 반反권력 에너지를 갖고 있습니다.

이 책은 스마트 혁명이 가져올 거대한 변화를 추적하고 있습니다. 스마트 권력이 손 안의 엄지에서 시작해 스마트 인프라와 스마트 정보를 거쳐 어떻게 출현하고 확산되는지 그 과정을 들여다봅니다. 스마트 권력이 21세기 인류의 삶과 권력을 어떻게 바꿔나갈지 예상해 봅니다.

Part 1에서는 스마트 권력의 출현 배경과 속성을 이해하기 위해 권력의 기초 개념을 제시합니다. 반권력인 스마트 권력과 대비해, 권력이 지닌 빼앗기 속성에 초점을 맞추고 있습니다. 권력이 왜 지속적으로 기층 민중에게 양보하는 척 모습을 바꿔 왔는지 그 이유를 설명합니다.

Part 2에서는 자본주의 사회에 형성된 트로이카 권력의 사악함을 분석합니다. 경제권력이 국가권력과 정치권력을 제압하며 지금까지 권력 시스템에 비해 얼마나 더 탐욕스러워졌는지 들여다봅니다.

Part 3에서는 스마트 권력의 성격을 집중 분석합니다. 노마드 권력인 스마트 권력이 얼마나 놀라운 확산성과 팽창성을 갖고 있는지 알 수 있을 것입니다. 또 스마트 권력과 '자유와 평등을 향한 의지'가 결합하는 것이 왜 필연적인 현상인지 제시합니다.

Part 4에서는 스마트 권력이 등장할 수 있었던 배경을 살펴봅니다. 스마트 권력의 형성과 확산을 가능할 수 있게 한 스마트 인프라의 출현이 단지 우연에 의한 것이 아니라 인류 문명과 기술 발전이 야기한 필연적인 과정이라는 점에 주목합니다.

Part 5에서는 스마트 권력의 등장으로 기존 권력이 얼마나 당황하고 있는지를 살펴봅니다. 기존 권력은 스마트 권력이라는 사상 초유의 저항에 부딪혀 좌충우돌하고 있고 그 과정에서 권력 사이에 어떤 갈등이 나타나고 있는지 알 수 있게 될 것입니다.

Part 6에서는 스마트 권력을 길들이기 위해 기존 권력이 어떻게 안간힘을 쓰고 있는지, 앞으로 어떤 포섭전략으로 스마트 권력을 껴안으려 할지 예상해봅니다. 스마트 권력이 자칫 기존 권력과 결탁할 때 '위대한 축복'이 '사상 최악의 저주'가 될 수 있다는 점에 초점을 맞춥니다.

Part 7에서는 스마트 권력의 주체로서 새롭게 떠오르고 있는 스마트 인류에 대해 설명하고 스마트 인류가 얼마나 위대한 역사적 사명을 갖고 있는지 제시합니다.

스마트 혁명, 스마트 인프라, 스마트 정보, 스마트 분노, 스마트 집단이성, 스마트 권력 등 이 책에서 등장하는 용어들은 모두 한 곳을 향하고 있습니다. 인류 역사와 더불어 줄기차게 에너지를 모아온 '자유와 평등을 향한 의지'가 바로 그것입니다. 스마트 권력은 인류 역사상 일찍이 볼 수 없었던 에너지를 응축시키고 있습니다. 글로벌 차원에서 무한히 확장하고 팽창하며 형성된 스마트 에너지는 스마트 권력을 거쳐 놀라운 응축과 확산에 나섰습니다.

이 거대한 에너지가 어디를 향해 분출될지, 그 변화가 얼마나 대단할지 짐작하기는 어렵습니다. 하지만 스마트 권력과 평등의지의 결합으로 일어날 변화는 인류가 지금까지 겪었던 그 어떤 물결보다도 더욱 거세게 우리를 휘몰아쳐 갈 것입니다. 이 책은 그 변화가 '위대한 축복'이 되기를 바라는 마음을 담고 있습니다. 손에 쥔 스마트폰을 클릭하는 우리의 엄지는 거인족을 출현시키기 위한, 작지만 위대한 몸짓이 될 것입니다.

차 례

권력,
뺏거나
빼앗기거나

. . .

권력은 힘입니다. 다른 사람을 자신의 뜻대로 움직일 수 있는 능력입니다. 다른 사람이나 집단의 권리와 이득을 빼앗아 자신이 원하는 쪽으로 사용하는 힘입니다.

권력이 다른 사람의 것을 빼앗는 것은 당연한 것으로 여겨집니다. 왜 그럴까요? 권력은 누가 공인하는 것일까요? 왜 공인하는 걸까요? 어려운 말이죠? 찬찬히 살펴봅시다.

국가에서 너무 많은 세금을 떼 간다고 중소·영세사업자들은 울먹입니다. 뼈 빠지게 일해서 왜 나라에 고스란히 빼앗겨야 하냐는 말을 많이 듣고는 합니다. 게다가 대다수 중소·영세사업자는 노후조차 제대로 보장받지 못하는데 말입니다.

제가 잘 아는 한 중소기업 사장님이 이렇게 말하더군요. "아주 오래 전부터 이민을 생각해 왔다. 유럽이나 호주 등으로 투자이민을 갈까 고민 중이다. 그쪽 나라들은 일정 자격 요건을 갖추면 노후를 평생 보장해 준다. 호화롭게 살 수는 없지만 여기 한국에서처럼 노후를 걱정할 필요는 없다. 여기에선 사업이 어려워져도 어김없이 세금을 빼앗아 간다. 경기가 어려워져서 내 월급 한 푼도 가져가지 않고 회사를 경영했는데 나라는 그것을 전혀 감안해 주지 않더라. '그럼 난 뭘 먹고 사나' 하는 억울한 마음이 들었다. 한국에서 중소기업을 경영하는 것은 나라 살림은 배부르게 하고 자신은 굶주리는 길을 선택하는 것이나 마찬가지다."

다소 길었죠. 전 이 분의 분노를 완전히 이해하진 못합니다. 제가 직접 겪은 게 아니니까요. 그저 억울해하는 눈빛과 사자후를 토하는 분노 앞에서 고개를 끄떡일 뿐이었죠. 하지만 찬찬히 들어보니 그 억울함이 대단하다는 것만은 알 수 있었습니다. 이런 억울함은 비단 이 분의 문제만은 아닙니다. 아마 대부분 중소·영세사업자들이 똑같은 심정일 것입니다.

샐러리맨은 어떻습니까? 매달 월급명세서에서 주민세, 소득세, 국민연금, 건강보험료 등을 떼이고 나면 정작 손에 쥐는 돈은 턱없이 적죠. 이게 노후를 위한 안정적인 투자라면 얼마나 좋겠습니까? 하지만 우리가 은퇴해 받게 될 돈은 최저생계 수준입니다. 게다가 국민연금 살림이 엉터리로 운영되고 있어 쥐꼬리 같은 그 돈마저 제대로 받을 수 있을지 의심스럽습니다.

너무 돈 얘기만 했나요? 하지만 권력과 돈은 떼려야 뗄 수 없는 관계입니다. 쉽게 말해 고대사회부터 권력은 우월한 힘을 바탕으로 다른 사람, 다시 말해 자신이 다스리는 사람으로부터 돈을 빼앗아 왔습니다. 물론 그것을 빼앗는 방식은 시대마다 다르지만 권력은 다른 사람으로부터 무언가를 빼앗아야 유지되는 숙명을 갖고 있습니다. 그렇다면 권력은 왜 출현했고, 다른 사람의 것을 빼앗는 못된 속성을 갖고 있는데도 어떻게 계속 유지될 수 있는 걸까요? 이제 그것을 알아봅시다.

조선 세종대왕은 위대한 왕으로 추앙받습니다. 중국의 요순 시대만큼은 아닐지라도 세종 시대는 분명 조선 왕조에서 가장 좋았던 시절임은 틀림없습니다. 세종은 파격적인 왕이었습니다. 당시에 당연시됐던 것들을 과감히 뿌리치고 자신의 세계를 만들어 갔습니다.

세종은 신분제에 연연하지 않았습니다. 신분 높낮이에 상관없이 뛰어난 인재를 과감히 중용했습니다. 천민 출신인 장영실이 대표적인 사례입니다. 세종은 능력에 따라 인재를 활용하면서 백성들에게 다음과 같은 메시지를 주고 싶었을 것입니다. "누구나 능력을 발휘하면 가장 천한 천민에게도 새로운 삶이 열릴 수 있다."

이런 국가운영 철학은 지금에 견줘도 대단한 파격입니다. 우리 주변을 둘러봅시다. 과거에는 개천에서 용 나듯 빈민층에서 출발해 최고위층에 오르는 인물이 적지 않았습니다. 하지만 지금은 어떻습니까? 대물림이 상식입니다. 하층민은 하층민으로, 월세 가구의 자녀는 월세 사는 가장으로, 비정규직 부모를 둔 자녀는 또다시 비정규직으로 살아가기 일쑤입니다. '88만원 세대'라는 말은 우리의 슬픈 자화상을 말해 줍니다.

세종은 동서고금을 통틀어 드물게 나타나는 명군名君이었습니다. 한글을 만든 것만 봐도 그렇습니다. 사대부들의 반대와 중국의 견제에도 불구하고 훈민정음을 반포한 것은 당시 엄청난 모험이었습니다. '아버지의 나라'인 중국이 반대하는데도 독자적인 글을 만들어 쓰겠다는 것은 있을 수 없는 일이었습니다.

하지만 세종은 강행했습니다. 왜 그랬을까요? 당시 시대 상황은 여전히 혼란스러웠습니다. 태조의 개국 이래 세종까지 조선은 국가통합이란 어려운 숙제를 해결하지 못하고 있었습니다. 개국한 지 2, 3대 만에 무너진 왕조가 얼마나 많습니까? 태종은 철권통치로 국가통합을 이루려 했지만 그럴수록 고려 유신들은 저항했고 지지를 얻었으며, 심지어 지배층인 사대부 내부에서도 저항이 만만치 않았습니다.

세종에게 어떤 믿는 구석이 있었을까요? 바로 백성이었습니다. 그래서 세종은 백성을 자기 편으로 끌어들이면 가장 큰 힘을 얻을 수 있다는 것을 꿰뚫었습니다. 한줌밖에 안 되는 사대부들이 아무리 저항해도 백성이 그의 편이면 문제될 게 없었던 것입니다. 그래서 세종은 백성을 제 편으로 만들기 위해 끊임없이 노력했습니다.

세종은 농업 생산성 향상에 가장 땀 흘렸던 왕 가운데 한 명입니다. 직접 궁궐에 땅을 일궈 새로운 농사기법을 실험하고 좋은 성과를 내면 널리 퍼뜨렸습니다. 왜 그랬을까요? 백성의 삶을 윤택하게 하려는 의도라는 건 당연합니다. 세종은 민본주의를 바탕으로 백성을 아끼고 사랑했으니까요. 하지만 앞서 말했듯 그렇게 하는 것이 한편으로 그와 조선 왕조의 권력기반을 가장 확실히 다지는 지름길이었기 때문입니다.

역사상 100~200년 이상 지속된 왕조들 중 많은 경우 2, 3대에 와서 현명한 임금이 출현했습니다. 새로운 왕조를 개국하는 과정은 험난할 수밖에 없습니다. 숱한 경쟁자들을 무력으로 제거해야 하기 때문입니다. 국가통합보다는 국가창업이 우선입니다. 일단 새 왕조를 세우면, 즉 권력을 잡으면 이를 유지해야 합니다. 그러기 위해서는 주먹을 휘두르기보다는 말로 잘 타일러야 합니다. 그게 싸게 먹히는 방법이고 가장 효율적인 통치기술입니다. 무력으로 유지되는 권력은 오래갈 수 없습니다.

그래서 2, 3대가 중요합니다. 똑똑한 후계자가 등장해 주먹이 아닌 말로 권력기반을 튼튼하게 다져야 합니다. 집권기간 내내 주먹으로 통치했던 태종은 그에게는 그것이 어쩔 수 없는 방법이었지만 자신의 후계자는 그렇게 해서는 안 된다는 것을 알았습니다. 장자상속의 원칙을 깨면서 셋째인 세종을 후계자로 선택한 것은 태종이 힘만 쓰는 무식한 왕이 아니었다는 걸 말해 줍니다. 태종은 세종이 국가통합이란 미션을 가장 잘 수행할 인재임을 알았습니다.

잠시 돌아가자면 기업도 마찬가지입니다. 창업주에 이어 후계자들이 똑똑하지 못하면 3대를 가지 못하고 망하는 기업이 많습니다. 한국에선 특히 '3세 신드롬'이 두드러집니다. 3세 때 와서 형편없이 망가지는 그룹을 많이 볼 수 있습니다. 물론 몇몇 기업은 똑똑한 3세를 둔 덕분에 승승장구하고 있습니다. 똑똑한 3세는 통합과 새로운 비전 발굴로 성장 에너지를 다시 북돋습니다. 그들은 자신이 가진 권력을 현명하게 사용하는 비결을 터득합니다. 그래야 자신이 차지할 몫이 많아진다는 것을 알고 있습니다.

세종 치하 조선 사회는 농업생산력 증가, 유능한 인재 등용, 탐관오리 감소 등으로 정말 살기 좋았다고 합니다. 세종은 덜 나쁜 권력 행사의 대표적인 사례입니다. 초인적인 인내심을 발휘하며 사대부들의 거센 저항을 묵묵히 헤쳐 나갔습니다. 만인지상의 존재인 왕으로서 그 같은 참을성을 지키긴 어려운 일입니다. 마음만 먹으면 당장 반대하는 사람의 목을 내리칠 수 있는데도 말입니다.

덜 나쁜 권력은 무엇을 뜻하는 것일까요? 그것은 내가 조금 덜 갖고 다른 사람들에게 더 많이 나눠 주는 권력일 것입니다. 독차지하고픈 마음이 왜 없겠습니까? 소인배라면 당연히 자신의 창고를 더 많이 채울 것입니다. 하지만 세종은 대인배였고 드물게 등장하는 현명한 지도자였습니다. 내 것을 덜 채우고 더 많이 나눠 줘야 자신과 이씨 왕조의 기반이 더 탄탄해지고, 결국 그것이 장기적으로 더 많은 이득으로 돌아온다는 것을 알았고 이를 실천했습니다.

　요즘 드라마나 책에서 세종대왕이 크게 부각되고 있는 이유는 무엇 때문일까요? 세종이 나눔의 철학을 갖고 있는 지도자였고 무엇보다 소통의 미학을 알고 있는 권력자였기 때문일 것입니다. 한글을 통해 백성에게 소통의 수단을 줬고 경제 성장을 위한 도구와 방법을 널리 퍼뜨려 삶의 질을 높이려 했습니다. 나눔과 소통은 씨줄과 날줄처럼, 동전의 양면처럼 같이 붙어 다닌다는 것을 알 수 있습니다.

　수양제는 권력을 잡기 위해 아버지인 문제와 형을 죽였습니다. 권력을 잡는 과정부터 폭력으로 얼룩졌습니다. 시작이 끝을 말해주는 걸까요? 그의 탐욕은 도통 멈출 줄 몰랐습니다. 그가 아버지로부터 물려받은 국부는 엄청났다고 합니다. 세금을 한 푼도 걷지 않아도 국가를 50년 동안 운영할 수 있을 정도로 국고가 튼튼했다고 합니다.

　하지만 그는 만리장성 수축修縮, 대운하 건설, 고구려와의 전쟁으로 차고 넘쳤던 국고를 바닥냈습니다. 대운하 건설은 좋은 의도로 시작되긴 했습니다. 커다란 중국 영토를 남북으로 잇는 물길을 열어 경제 젖줄을 확보하고자 했던 것입니다. 하지만 이 공사에 엄청난 숫자의 백성을 강제로 동원시켰습니다. 심지어 공사를 잘못한 공사감독과 인부 5만 명을 생매장시키기도 했습니다. 그는 수도를 장안에서 낙양으로 옮기면서 수백 채의 호화로운 궁전을 지었고 엄청난 크기의 인공섬도 만들었습니다.

무리하게 고구려를 침공한 것은 수양제의 결정적인 패착이었습니다. 100만 대군을 직접 이끌고 고구려를 무찌르기 위해 출정했는데 군마와 병력의 행렬이 천 리를 넘었다는 기록도 있습니다. 하지만 3차에 걸친 고구려 침략에서 그는 모조리 대패하고 말았습니다.

이 같은 대규모 군사작전에는 엄청난 국력을 투입해야 합니다. 병참이 승패를 좌우한다는 말이 있듯 대규모 전쟁을 벌이기 위해서는 대규모 물자를 동원해야 합니다. 국고가 바닥나자 수양제는 당연히 백성으로부터 가혹하게 세금을 걷어 들입니다. 병사로 차출돼 농사를 제대로 짓지 못하게 된 상황에서 싹쓸이 세금 차출을 강행하니 백성의 삶은 더욱 쪼들리게 됐죠.

고구려 침공은 수양제가 얼마나 탐욕에 사로잡힌 지도자였는지 알려 줍니다. 당시 고구려는 동북아시아를 오랫동안 지배하던 패권국가로서 중국과 경쟁했습니다. 광개토대왕 이후 말갈, 거란 등을 거느리며 군사력과 영토에서 결코 중국에 밀리지 않는 대제국이었습니다.

유목민의 혈통을 고스란히 이어받은 고구려는 전사의 나라로 시작했습니다. 평상시에도 2만 명이 넘는 귀족 전사계급이 있었다고 합니다. 최강의 철갑기병으로 명성을 떨친 개마무사로 대표되는 고구려의 전사계급은 일본 사무라이의 원형이었다는 해석도 나옵니다.

게다가 고구려는 외적의 침략에 대비해 요서에서부터 튼튼한 성을 촘촘히 쌓고 이 성들을 효율적으로 운영하고 있었습니다. 고구려를 침공하기 위해서는 방어성들을 그냥 지나칠 수 없었습니다. 위협적인 적을 뒤에 두고 앞으로 나아갈 수 없는 노릇입니다. 따라서 성을 차례차례 점령해야 했는데 고구려는 수성전에서도 뛰어난 능력을 갖고 있었습니다. 30만 대군에 맞서 끝까지 버텨낸 안시성의 양만춘 장군이 대표적인 사례입니다.

물론 수양제가 고구려를 점령하고자 나선 것은 천하통일이란 야심 때문만은 아닙니다. 중국 역사상 몇 안 되는 현군으로 손꼽히는 당 태종도 고구려를 침공했는데, 고구려를 옆에 두고 천하 절대강자를 자처할 수 없었고 고구려가 언제 방어에서 공격으로 나설지 모르기 때문이었습니다. 하지만 수양제와 당 태종은 달랐습니다. 당 태종은 심각한 부상을 입기도 했지만 더 이상 고구려와 전쟁을 벌이는 것은 국가와 백성을 위태롭게 한다는 충신들의 충고를 받아들여 고집을 꺾습니다. 하지만 수양제는 그칠 줄 몰랐고 결국 명을 재촉했습니다.

더 이상 살기 어려워지면 백성들이 선택하는 길은 하나입니다. 들고일어날 수밖에 없습니다. 가만히 앉아 굶어 죽을 바에야 봉기해서 스스로 살 길을 찾으려는 것입니다. 전국 각지에서 민중봉기가 일어났고 수양제는 자신의 친위부대의 손에 살해됩니다.

세종과 수양제의 차이는 뚜렷합니다. 자신보다 나라와 백성을 먼저 생각하는가 아닌가에서 두 사람은 완전히 갈립니다. 세종은 소통형 리더였지만 수양제는 전형적인 불통형 군주였습니다. 수양제는 백성이 무슨 생각을 하는지, 어떤 고통을 당하는지 눈과 귀를 꽉 닫은 채 자신의 욕망과 사업만 생각한 어리석은 통치자였습니다.

세종은 개국 이래 네 번째 임금이었고 수양제는 두 번째 황제였습니다. 두 사람 모두 창업의 기틀을 다지고 국가통합을 확실히 해야 하는 임무를 가졌습니다. 세종이 소통을 선택한 반면 수양제는 힘으로 밀어붙이는, 최악의 선택을 했습니다. 결과는 우리가 알고 있는 것처럼 뻔했습니다.

하지만 분명히 해야 할 것이 있습니다. 세종과 수양제가 아무리 차이가 난다 해도 그들이 갖고 있던 권력의 속성은 그다지 차이가 나지 않습니다. 아니, 정확히 말하면 똑같습니다. 세종과 수양제는 절대봉건 시대의 권력자였습니다. 봉건 사회는 신분제에 기반한 사회였습니다. 귀족, 양반 밑에 평민이 있고 그 아래 노예와 천민이 있었습니다. 봉건 사회에서 노예는 물건이었고 그들의 목숨은 주인의 손에 좌우됐습니다. 아무도 문제 삼지 않는 일이었습니다.

세종 시대가 태평성대였다 해도 중세 절대봉건 시대의 한계를 벗어날 수 없었습니다. 절대군주 시대의 권력은 숱한 노예들의 고통과 대다수 평민들의 희생이 있어야 유지됩니다. 노예는 몸으로 국가경제를 지탱하는 물건이었고 평민은 세금으로 국가재정을 지탱하는 버팀목이었습니다. 평민, 특히 농민은 병역으로 차출돼 국가군대의 주력군 역할을 맡기도 했습니다.

세종 시대에 과연 노예와 평민들이 다른 시대에 비해 행복했을까요? '얼마나 덜 불행했을까'라는 물음이 더 정확할 것입니다. 단지 짐작만 해볼 수 있을 뿐입니다. 세종 시대에 노예와 백성의 고통이 조금 줄었다 하더라도 전체 고통의 크기에 비하면 그 정도는 크지 않았을 것입니다. 노예는 노예고 평민은 평민이었으니까요.

다만 현명한 세종은 국가·사회통합을 위해 양보할 줄 알았습니다. 다른 하수들은 "원래 내 것이니 절대 나눌 수 없다"고 움켜쥐기 일쑤였지만 그는 대인배였습니다. 천민까지 아우르는 포용력을 발휘하여 좀 덜 걷고 좀 더 베풀었습니다. 자신의 세계에 갇혀 다른 사람을 돌볼 줄 몰랐던 수양제는 많이 걷고 적게 나누는 일에 몰두한 끝에 죽음으로 치달았습니다.

여기서 우리는 권력이 하늘에서 뚝 떨어지는 힘이 아니라는 것을 알 수 있습니다. 권력은 그 시대의 산물입니다. 중세 절대군주 시대의 권력은 그 시대 나름의 특징을 갖고 있는데, 직접적인 폭력으로 형성되고 유지되는 권력이라는 점은 어느 나라나 똑같습니다. 태조 이성계는 힘으로 고려를 끝장내고 조선을 창업했습니다. 수양제는 잔인한 폭력으로 아버지와 형, 그리고 경쟁자들을 제거하고 권력을 잡았습니다.

세종 시대가 제아무리 좋은 시절이었다 해도 세종의 권력기반 역시 폭력이었습니다. 언제라도 좋은 얼굴을 버리고 잔인한 얼굴을 전면에 내세울 가능성이 있었습니다. 내성외왕內聖外王(안으로 성인의 자질을 닦고 밖으로 진정한 왕의 덕목을 갖춘다)을 지향했던 세종은 불굴의 의지로 폭력을 향한 욕망을 통제했습니다. 하지만 그렇다고 그의 권력이 폭력 위에 세워졌고 유지됐다는 점은 바뀌지 않습니다.

우리는 바로 이 점을 머릿속에 새겨 둬야 합니다. 권력은 그 권력이 출현한 시대와 맞물려 진행된다는 것을 말입니다. 요순 통치가 좋았다고 합니다. 중국에서 요순 시대는 가장 낭만적이고 훌륭했던 권력 행사의 모범으로 여겨지며 요순은 성인으로 칭송되고 있습니다. 하지만 요순은 상고 시대의 통치자였습니다. 경제·사회·문화가 복잡하게 분화되지 않았고 따라서 권력의 형성과 유지 그리고 행사도 지금보다는 한결 단순했을 것입니다. 물론 요순은 시대를 뛰어넘는 현인이자 성인이었을지도 모르지만 요순이 통치했던 사회는 단순했던 만큼 마음만 먹으면 무위지치가 가능했을 것입니다.

권력은 시대와 맞물려 진행되며 시대를 뛰어넘는 권력과 권력자는 등장할 수 없습니다. 설사 혜성처럼 시간의 한계를 뛰어넘는 현인이 등장한다 해도 그 시도는 결코 성공하지 못합니다. 우리가 땅을 밟고 살아가듯 권력은 그 시대와 더불어 성장하고 변해갑니다. 그럼 역사의 진행과 함께 권력은 어떤 변화를 겪었는지 살펴 봅시다.

권력은 시대가 바뀌면서 점점 선한 얼굴을 앞에 내세울 수밖에 없었습니다. 권력 자체의 속성이 좋게 변했다기보다는 권력을 잡고 유지하기 위해 어쩔 수 없이 그렇게 해야만 했습니다.

우리는 대의 민주주의가 가장 훌륭한 정치제도라고 배웁니다. 하지만 정확히 말하면 대의 민주주의는 지금까지 등장했던 권력 시스템 가운데 나름 괜찮은 것에 불과합니다. 절대적이고 영원한 시스템이 아닙니다. 우리는 현재 우리가 가진 것을 불변하는 진리로 여기는 경향이 있는데, 이 또한 우리가 길들여진 결과입니다.

대의 민주주의는 아주 잘 위장된 권력 시스템입니다. 안에 들어있는 내용과 성능은 옛날 제품과 크게 다르지 않지만 디자인, 즉 포장이 아주 근사해 잘 팔리는 제품이라 할 수 있습니다. TV로 따지자면 볼록 TV에서 평면 TV로 그리고 LCD TV를 거쳐 스마트 TV로

변해 온 셈입니다. 물론 스마트 TV 시대에 대의 민주주의가 제대로 작동할지는 모릅니다. 이건 앞으로 계속 살펴볼 핵심 포인트입니다.

권력은 어떻게 형성되고 유지될까요? 역사를 살펴보면 권력을 잡는 방식은 시대에 따라 크게 변하고 있습니다. 여기서 한 가지 분명한 특징이 나타납니다. 시간이 갈수록 권력은 보다 폭넓은 개인·집단·사회의 지지를 받기 위해 노력할 수밖에 없었습니다.

고대 사회로 갈수록 권력은 폭력에 의존했습니다. 직접적인 폭력, 즉 신체 강제적 물리력을 사용해 권력을 손에 넣었습니다. 권력 집단에 도전하고 반대하는 사람이나 집단을 힘으로 제압하거나 아예 제거해버릴 수 있는 자가 권력을 거머쥐었습니다.

선사 시대에 권력은 무리에서 보다 강한 힘을 가진 몇몇 소수가 차지했습니다. 동물세계에서 힘센 수컷이 우두머리가 되는 것과 마찬가집니다. 구석기, 신석기, 청동기 시대로 이어지면서 권력의 힘은 더욱 커지게 됩니다. 권력과 집단 사이에 일어난 경쟁에서 보다 강한 힘을 지닌 권력이 약한 권력을 무찌르며 덩치를 키웠습니다.

청동기 시대로 접어들면서 권력은 국가 형태를 띠기 시작합니다. 지배집단이 다스리는 영토와 백성 수가 확대됐기 때문입니다. 단순히 힘만으로 피지배집단을 계속 억누를 수 없었고 여러 수단을 동원해 권력의 기반을 다질 필요가 생긴 것입니다. 제아무리 힘이 강한 권력집단이라도 직접 폭력을 행사해 제압할 수 있는 숫자는 제한돼 있습니다.

청동기·철기 시대에 권력집단은 부족 간 전쟁을 통해 정복한 사람들을 노예로 삼았습니다. 노예들은 사람이 아닌 물건으로 여겨졌고 사회를 지탱하기 위해 필요한 궂은일을 짊어졌습니다.

모든 사회의 권력은 독점과 배제를 기본 속성으로 갖고 있습니다. 해당 사회의 핵심자원을 독차지하고 다른 사람들이 그 핵심자원에 접근하는 것을 한사코 막습니다. 청동기·철기 시대에 권력집단은 청동기와 철기의 생산과 사용을 독점했습니다. 석기에 비해 청동기가, 청동기에 비해 철기가 더 단단해지고 쓰임새가 넓어짐에 따라 사회와 권력은 큰 변화를 겪게 됩니다.

청동기와 철기는 무기일뿐만 아니라 농업 등에 쓰이는 핵심 생산물자입니다. 철기를 농업 등 생산 활동에 사용하면서 생산력은 크게 높아졌고 권력집단의 힘은 그만큼 커졌습니다. 보다 많이 생산할수록 권력집단이 차지하는 몫은 많아집니다. 마르크스가 말한 잉여가치, 즉 투입된 가치보다 훨씬 더 많은 초과가치가 발생하고 이것을 권력집단이 싹쓸이하기 때문이죠. 쉽게 말해 돈 100원어치를 들여 1000원의 가치를 생산했다고 합시다. 이때 권력집단은 800원을 가져가고 나머지 200원을 알뜰하게 쪼개 피지배층에 인심 쓰듯 나눠 주고 새로운 생산을 위한 자원에 투자하는 것입니다.

하지만 권력집단은 저항에 부딪힐 수밖에 없습니다. 백성, 즉 기층 민중이 봉기하는 것은 당연합니다. 참기 힘든 폭정이나 착취를 당하면 민중은 들고일어납니다. 권력에 짓눌려 살면서 구차하게 삶을 이어가는 것은 때로 죽음보다 못할 수 있습니다. 살아가는 게 죽는 것보다 더 힘들어질 때가 있습니다. 목숨을 걸고 "우리도 사람이다. 우리의 정당한 몫을 찾자"며 뭉치는 것입니다. 동서고금을 통틀어 얼마나 많은 봉기가 있었습니까? 고대, 중세, 근대에 동서양에서는 숱한 민중봉기가 있었습니다. 지금도 세계 각국에서 억압에서 벗어나기 위한 봉기가 끊이지 않습니다. 인류 역사는 억압과 봉기로 가득 채워져 있습니다.

민중의 들고일어남은 무엇을 뜻하는 것일까요? 여기서 중요한 가치가 나옵니다. 인류 역사를 보면 '자유와 평등을 향한 의지(이하 '평등의지')'가 꾸준히 강해지고 있습니다. 이 말은 아주 상식적인 것입니다. 하지만 인류 역사를 보면 이 같은 의지가 겉으로 표현되며 상식으로 자리 잡게 된 것은 아주 최근의 일입니다.

평등의지는 매우 추상적인 개념입니다. 하지만 이제 누구나 평등의지가 무엇을 뜻하는지 어렴풋이나마 알고 있습니다. 상식이 된 것입니다. 인본주의, 민주주의, 사회주의는 모두 평등을 외칩니다. 하늘 아래 인간은 모두 동등하다는 것입니다. 그러나 우리는 사회가 불평등으로 가득 차 있다는 것을 알고 있습니다.

한국 사회만 봐도 그렇습니다. 지금 이 땅에서 평등은 얼마나 잘 실현되고 있을까요? 부자 자식이 질 높은 사교육을 받고 좋은 대학에 들어가는 것과 빈농 자식이 천신만고 끝에 개천에 용 나듯 좋은 대학에 들어갈 확률은 얼마나 차이가 날까요? 굳이 숫자를 들이밀지 않아도 우리는 엄청난 차이가 난다는 것을 그냥 압니다. 왜냐하면 이는 주변을 둘러보기만 해도 눈으로 확인할 수 있는 분명한 사실이기 때문입니다.

중세 시대에는 지금보다 불평등 정도가 훨씬 더했습니다. 생산력의 기틀이 되는 사람들이 물건 취급을 받았던 노예에서 반은 물건, 반은 사람으로 여겨졌던 농노로 바뀌긴 했지만 이는 오십보백보에 불과했습니다. 그럼에도 농노는 분명 노예에 비해 평등에 대한 자각이 높았습니다. 비록 몸은 땅과 봉건영주에 묶였어도 말입니다.

서양 중세의 권력층은 왕을 정점으로 성직자, 봉건영주, 기사들로 이뤄졌습니다. 때로 성직자 집단은 왕을 왕좌에서 끌어내릴 정도로 힘이 셌습니다. 왜 그랬을까요? 평등의지가 강해졌기 때문입니다. 중세 봉건 시대의 권력자들은 점점 강해지는 평등의지에 대응해 사람들을 응집시킬 장치가 필요했습니다. 바로 가톨릭을 통한 지속적인 통제였습니다.

중세 봉건 시대의 군주들은 신성불가침을 주장했습니다. 왕은 하늘로부터 지도자로 선택받은 자이기 때문에 일반 사람들과 다르다고 외쳤습니다. 태어날 때부터 지배할 수 있는 권리를 지닌 신의 대리인이라고 우겼습니다. 교황을 정점으로 정교하게 짜인 성직자 집단은 왕의 신성불가침을 확실하게 뒷받침하는 역할을 충실히 이행했습니다. 그 과정에서 큰 몫을 챙긴 것은 당연합니다. 왕과 성직자 집단은 강력한 파트너십을 형성한 운명 공동체였습니다. 물론 때로 둘 사이에 엄청난 충돌과 갈등이 벌어지곤 했지만 그것은 왕이나 성직자가 지나치게 큰 욕심을 부렸기 때문입니다. 동업자 가운데한 명이 이익을 독차지하려고 하면 당연히 다른 동업자가 반발할수밖에 없습니다.

중세 가톨릭 사회에 살았던 사람들은 이 종교 시스템에 갇혀버리고 맙니다. 가톨릭은 현실에 대한 불만을 내세에 대한 기대로 바꿔치기했습니다. 점점 밀고 가더니 급기야 현실에서 고난을 받고 굶주린 사람이 천국에서 더 큰 몫을 차지한다는 논리까지 치달았습니다. 현실 고난을 기꺼이 견딜 수 있는 용기를 주겠다며 속임수를 펼쳤습니다. 얼핏 봐도 정말 말이 되지 않는 것이지만 당시에는 꽤나잘 먹히는 전략이었습니다.

기독교, 불교, 힌두교, 이슬람교, 유교도 중세 가톨릭과 크게 다르지 않습니다. 모두 기존 권력을 정당화하며 강력한 통합 장치로활용됐습니다. 세계 보편종교로 발전한 종교들은 권력과 평등의지사이에서 끊임없이 줄타기를 했습니다(이 책은 종교 자체의 본질이나 폐해를 문제 삼는 것은 아닙니다. 마르크스처럼 종교를 사악한 장치로 치부할 의도는 없습니다. 종교는 분명 인류 역사에서 아주 중요한 긍정적인 역할을 했습니다. 그 어떤이념이나 세력보다 말입니다. 다만 권력과 연결된 종교의 역할과 문제점을 꼭 집어들어 보자는 것입니다). 종교는 기층 민중을 꼬드겨야 했습니다. 그래서착각 장치를 아주 교묘하게 작동시켰습니다. 천국이나 천당을 설정했고 따라야 할 벤치마킹 모델로 주요 메시아와 성인들을 전면에 내세웠습니다. 여기서 유교는 다른 종교와 약간 다르다는 것을 지적해야겠군요. 유교는 인본주의를 핵심가치로 제시하며 내세보다는 현실을 바꿔야 한다고 주장합니다. 공자의 사상이 그렇죠. 유교와 사회주의, 그리고 공산주의 간 유사성에 주목하는 학자들도 있습니다. 유교를 국교로 채택했던 중국과 한국에서 사회주의와 공산주의가 러시아에 의해 이식되지 않고 자생적으로 발생한 것도 이 같은 주장을 뒷받침하는 사례로 꼽힙니다.

종교의 착각 장치는 현실 세계에서 기층 민중이 가질 수밖에 없는 분노를 종교 쪽으로 돌려 그 에너지를 소진시키는 역할을 합니다. 착한 양으로 길들이는 장치입니다. 고대 그리스·로마 시대에는 제우스를 비롯한 수많은 신들이 있었습니다. 하지만 중세 봉건 시대로 접어들면서 평등의지와 그에 따른 분노가 점점 강해져 다신교로는 제대로 된 억압과 통제 능력을 확보하기가 어려워졌습니다. 그래서 평등의지의 확산과 더불어 신도 더욱 강력한 힘을 얻게 됩니다. 인간과 관계를 맺으며 인간과 똑같이 희로애락을 느끼던 신들은 이제 강력한 신으로 격상되면서 유일신 사상이 점점 힘을 얻습니다. 여러 신들이 권력을 나눠 갖는 구조가 아닌 전지전능한 천지를 창조한, 또는 인간의 한계를 벗어나 우주를 지배하는 슈퍼 초인이 필요해진 것입니다.

분노를 종교로 돌리며 권력자들은 자신의 기본 속성인 착취에 열중할 수 있었습니다. 하지만 근대에 접어들면서 상황이 여의치 않게 됐습니다. 평등의지가 더욱 강해졌고 기존 종교의 틀을 벗어나려는 시도가 끊임없이 이어졌습니다. 14~16세기 르네상스를 거치면서 급부상한 상인·지주 계급이 기존 권력자들과 충돌했습니다. 신흥 세력인 상인·지주 계급은 평등의지에서 해법을 찾았습니다. 기층 민중의 평등의지를 자신들에게 유리하게 활용했습니다.

상인·지주 계급은 왕과 성직자 집단에 맞서 짐짓 기층 민중의 대변자로 나섰습니다. 왕과 성직자 집단의 권력을 빼앗기 위해서 그들은 기층 민중의 봉기를 유도했고 적절하게 활용했습니다. 1215년 영국에서 왕과 귀족들 사이에 체결된 대헌장, 즉 마그나카르타Magna Carta는 그 시작이었습니다. 존 왕의 폭정을 견디지 못한 귀족들은 귀족들을 대결로 몰아간 신흥 세력들의 전폭적인 지원 아래 런던 시민의 지지를 얻어내 왕과 겨뤘고 봉건적 부담의 제한, 재판·법률·도시자치특권(그 전에는 도시가 다른 시골 마을, 장원들과 큰 차이 없이 똑같이 다뤄졌습니다. 하지만 대헌장 체결 이후 왕은 도시기반의 상인계급에게 세금 등에서 혜택을 주는 데 동의했습니다. 특권을 확보한 것입니다)의 보장 등을 내용으로 하는 대헌장에 왕이 서명하도록 강제했습니다. 대헌장은 근대 헌법과 의회 제도의 단초를 열었는데, 도시자치특권의 보장 등에서 알 수 있듯 새로 떠오르는 상인·지주 계급의 권리 확보가 핵심 내용이었습니다. 겉으로는 평등의지를 내세웠지만 말입니다. 결국 결과적으로 보면 상인·지주계급에 전통 귀족들이 놀아난 셈이 됐습니다. 귀족들은 마그나카르타를 통해 승리를 거둔 것 같았지만 결

국 봉건 전통 귀족들은 여기에서부터 존립의 뿌리를 잃어가기 시작
했습니다.

1689년에 제정된 영국 권리장전은 신흥세력의 승리를 담은 문서
입니다. 권리장전은 명예혁명의 결과로 이루어진 인권선언인데, 폭
정을 일삼은 제임스 2세를 쫓아내고 의회가 새 왕을 추대하며 제정
됐습니다. 권리장전은 부당한 과세에 대한 거부 인정, 국민의 자유
로운 청원권의 보장, 의원 선거의 자유 보장, 의회에서의 언론 자유
의 보장 등을 담았습니다. 권리장전은 영국 의회정치 확립의 기초
가 되었습니다. 또 여기에 자극받아 미국의 독립선언, 버지니아 권
리장전, 매사추세츠 권리선언 등이 나타났고 다시 프랑스 인권선언
으로 이어졌습니다.

이처럼 신흥세력이 권력을 잡아가면서 권력 시스템은 크게 변하
게 됩니다. 상인·지주 계급은 평등의지를 앞세워 힘을 빼앗았습니
다. 그 과정에서 자유와 평등과 관련해 여러 약속을 했고 권력을 유
지하기 위해 그것을 실천해 나갔습니다. 이때 등장해 발전한 것이
바로 선거를 통해 민중의 대변자를 뽑아 의회를 구성하는 대의 민
주주의입니다. 대의 민주주의는 분명 권력을 형성하고 유지하며 행
사하는 데 있어 그 전의 권력·정치 시스템과는 완전히 다른 것입니
다. 그리스 아테네의 직접 민주주의 시스템은 여기서 '그 전의 권력
시스템'에 해당하지 않습니다. 도시국가인 아테네에서 최고 의사결
정 기구는 시민들이 모여 구성된 공회였습니다. 공회는 국가 행정부

를 이끌 지도자들을 뽑았고 과세와 전쟁 등에 관련된 일들을 최종 결정했습니다. 역사에선 때로 알 수 없는 이유로 미래를 준비하는 일들이 벌어지곤 합니다. 아테네의 직접 민주주의도 그중 하나라 할 수 있겠습니다.

대의 민주주의의 핵심은 선거권, 즉 투표권입니다. 우리는 보통선 거(사회 신분·교육·재산·인종·신앙·성별 등에 의한 자격요건의 제한 없이 일정한 연령이 되면 모든 국민이 투표권을 행사하는 선거)를 당연한 것으로 생각하지 만 지금의 보통선거가 시행된 것은 아주 최근의 일입니다. 선거권에 대한 여러 제약들은 아주 더디게 풀렸습니다. 예전에는 재산을 얼마 나 보유하고 있는지에 따라 일정 기준을 밑도는 국민들에게 선거권 을 인정하지 않았습니다. 상인·지주 계급에 이어 권력의 핵심을 차 지한 자본가들이 볼 때 재산에 따른 차별은 당연한 것이었습니다.

재산에 의한 선거 제한은 미국에서 1820~1850년대에 걸쳐 점진 적으로 철폐됐고, 프랑스에서는 1848년에, 심지어 대의 민주주의가 시작된 영국에선 1918년에서야 없어졌습니다. 여성참정권은 미국 1920년, 영국 1928년, 일본 1945년, 프랑스에서는 1946년에 인정됐 습니다. 그러니까 지금 같은 대의 민주주의와 보통선거가 확립된 것 은 기껏해야 100년도 안 된 것입니다.

상인·지주 계급에 이어 새롭게 권력의 핵심을 차지한 자본가 계 급은 분주하게 움직였습니다. 돈을 버는 것 못지않게 권력을 창출 하고 유지하는 일은 그렇게 쉽지 않았죠. 어쩔 수 없이 필요에 따라 권력의 일부를 기층 민중과 나누긴 했지만 마냥 그럴 순 없는 일이었습니다. 어떻게든 통제해야 했죠.

그래서 관료제가 발전하게 됩니다. 물론 관료제의 등장과 발전은 여러 이유를 갖고 있지만 역시 핵심은 기층 민중에 대한 통제권 확립입니다. 기층 민중의 분노가 다시 표출되는 것을 최대한 틀어막기 위해 고안된 정교한 장치인 셈이죠. 관료제는 전문적인 통치 집단을 형성시켜 마치 그들이 객관적이고 중립적인 위치에서 국가를 운영하는 것처럼 여겨지도록 합니다. 대통령, 행정부, 사법부 등은 특정 계급이나 집단의 이익과 상관없이 국민의 권리와 자유, 평등을 위해 일하는 것처럼 보입니다. 하지만 우리는 압니다. 한국의 대통령, 행정부, 사법부는 과연 특정 계급과 상관없이 일하고 있습니까? 이명박 정부의 행정부와 사법부가 과연 편견 없이 일했습니까? 그들은 누구를 감싸고돌았습니까? 이명박 정부에서 가장 이익을 많이 얻은 세력은 누구입니까? 누가 가장 고통을 받았습니까?

우리는 이제 권력의 뒤에 놓여 있는 욕망이 무엇인지, 그 욕망이 어떻게 작동하고 누구를 감싸고돌고 있는지, 왜 권력 욕망이 특정 계급이나 계층에 스며들어 작동하는지 살펴볼 것입니다. 특히 우리의 관심은 욕망과 권력이 결합돼 진행되면서 왜 평등의지와 충돌하는지에 모아집니다. 역사의 발전은 욕망과 권력의 결합, 그리고 이에 대한 기층 민중의 끊임없는 도전과 저항의 과정이기 때문입니다.

이제 조금 더 복잡미묘한 내용을 다루려 합니다. 상식적으로 생각하면 아주 쉬운데 막상 설명하려 하면 쉽지만은 않은 이야기입니다. 모든 권력은 빼앗기를 통해 형성되고 유지되죠. 그럼 왜 권력은 빼앗기란 못된 속성을 갖고 있는데도 인류 역사와 더불어 지속되고 있는 것일까요?

결론부터 말하자면 권력 시스템은 인류 역사에 뿌리 깊게 자리 잡은 필요악이기 때문입니다. 인류 역사가 앞으로 나아가긴 위해선 권력 시스템이 필요합니다. 아니, 보다 정확히 말하면 권력 시스템이 있어서 인류 역사가 발전할 수 있었습니다.

권력은 빼앗기를 기본 속성으로 갖고 있지만 동시에 통제·조절·배분 기능도 맡고 있습니다. 우리는 학창 시절에 국가의 정의와 역할에 대해 배웠습니다. 국가는 국민, 주권, 영토를 갖춘 근대 사회

집단입니다. 국가는 구성원들에 대해 최고의 통치권을 행사하는 정치단체입니다. 좋게 말하자면 개인의 욕구와 목표를 효율적으로 실현시켜 주기 위해 만들어져 유지되는 사회조직입니다. 이건 어디까지나 교과서에 나와 있는 풀이에 불과합니다.

국가는 여러 형태로 나뉩니다. 전제군주 국가, 봉건통치 국가, 근대 민주주의 국가, 현대 자본주의 국가 등으로 말이죠. 엄청난 차이에도 불구하고 모든 국가는 국가 자체의 유지라는 같은 목표를 갖고 있습니다. 국가권력을 지닌 권력층은 그들이 충분히 혜택을 누리게 해 주는 그들의 국가를 영원히 유지하고 싶어 합니다.

권력층은 그 국가에서 충분히 행복합니다. 지금 이 순간이 좋은데 일부러 변화를 꾀하는 사람은 없습니다. 우리 주변만 둘러봐도 이를 잘 알 수 있습니다. 강남 3구(강남·송파·서초)에는 한국 사회의 핵심 보수층이 몰려 있습니다. 선거 결과를 보면 강남 3구에 보수 정당 지지자들이 밀집해 있다는 것을 알 수 있습니다.

부자동네에 있는 사람들은 누구입니까? 현 권력 시스템에서 빼앗기에 동참한 사람들입니다. 물론 정도는 다를 수 있겠죠(강남 3구에도 보수층이 아닌 개혁 의식을 가진 진보층이 있습니다. 잘 살면서도, 그러니까 빼앗기에 동참해 있는 사람이라도 이런저런 이유로 진보를 선택할 수 있습니다). 현재에 만족하고 있는 기득권층은 자신들을 돌봐 주고 있는 현 권력의 좋은 점을 주로 봅니다. 그들은 현 권력 시스템과 권력층에 애정을 갖고 있습니다. 당연히 그들에겐 현재 권력이 좋은 것일 수밖에 없습니다.

잠시 곁돌았군요. 아무튼 형태상 권력의 최고 정점을 이루고 있는 국가권력은 빼앗기만 하는 게 아니라 조절 기능도 갖고 있습니다. 이것은 권력이 갖고 있는 아주 미묘한 이중성입니다. 권력을 설명하려면 욕망이란 개념을 끌고 들어가야 합니다. 권력과 욕망은 인류 역사에서 가장 오래된 파트너라 할 수 있습니다. 욕망이 있어 권력이 존재할 수 있고, 권력이 있어 욕망이 통제됩니다.

모든 인간은 욕망을 갖고 있습니다. 욕망은 매우 복잡한 개념입니다. 딱 부러지게 정의내리기 어렵습니다. 지금까지 여러 철학자와 사상가 들이 자기만의 프리즘과 초점을 들이대며 욕망을 규정하고자 했지만 여전히 모호한 개념으로 남아 있습니다.

욕망欲望을 한자로 풀면 '바란다'는 뜻을 갖고 있습니다. 왜 바랄까요? 부족하다고 느끼기 때문입니다. 지금 손에 쥐고 있거나 갖고 있는 것 이상을 원하는 것입니다. 누구나 그렇습니다. 지금 현재 자신의 처지와 재산 정도에 완전히 만족하는 사람이 과연 몇이나 될까요?

욕망은 역사·사회·경제 발전의 원동력입니다. 현재 상태에 만족하지 않아야 변화를 꾀하게 됩니다. 지금보다 좀 더 나은 그 무엇을 찾아 떠나는 것은 인간을 다른 동물과 구분짓게 합니다. 욕망은 창의성과 발명과 발견의 시작입니다. 과거보다 나은 현재, 현재보다 나은 미래를 만들기 위해서는 부족함이 있어야 하고 욕망해야 합니다.

욕망은 여러 갈래로 나누어 구분할 수 있습니다. 먹고 마시고 입고 자는 것은 물질적 욕망에 따른 것입니다. 이것은 가장 기본적인 욕망 형태입니다. 명예욕, 성취욕, 지식에 대한 탐구 등은 정신적 욕망입니다. 물질적 욕망과 정신적 욕망은 언뜻 보면 개인 차원의 욕망으로 비춰지지만 그렇지 않습니다. 개인들이 갖고 있는 욕망은 순수하게 개인 차원에 머물 수 없습니다.

인간이 갖는 모든 욕망은 사회적·집단적 욕망일 수밖에 없습니다. 선사 시대 무리 생활을 시작하면서 인류는 욕망의 충돌이란 어려움에 부딪혔습니다. 각자가 갖고 있는 욕망들이 부딪히며 혼란이 생겼고 그래서 욕망을 제어해야 했습니다. 욕망의 제어는 자연계에서도 생존을 위해 필요합니다. '동물의 왕국'을 보면 사자, 하이에나 등이 협동해서 효율적으로 먹이를 잡고 서열에 따라 먹이를 나눕니다.

욕망은 기본적으로 한계가 없습니다. 하지만 인간이나 동물 심지어 식물까지도 자신의 욕망을 무한대로 확장시킬 수는 없습니다. 영장류인 인류는 무리 생활에서 욕망의 조절장치를 찾아냅니다. 처음에는 동물들과 그다지 차이 나지 않는 형태였을 것입니다. 힘이 보다 강한 무리가 보다 약한 무리를 제압하고 거느렸습니다. 그러다 씨족, 부족으로 집단 규모가 커졌고 국가 형태로 발전하게 됩니다.

노예제, 농노제는 국가권력이 욕망을 통제하고 조절하면서 발생한 제도입니다. 현대 사회의 대의 민주주의, 선거제도 등도 마찬가지입니다. 욕망을 제어해야 질서가 유지됩니다. 욕망을 제어해야 파멸과 붕괴를 막을 수 있습니다. 딱 떨어지는 표현은 아니겠지만 국가 제도는 욕망 제어 시스템이기도 합니다. 법과 제도가 인정한 테두리 안에서 행동하게 하고 그 경계를 넘어서면 처벌하는 이유입니다.

그래서 권력과 권력 시스템을 부정할 수는 없는 노릇입니다. 권력은 분명 빼앗기를 기본 속성으로 갖고 있지만 사회 유지를 위해 필요한 역할을 하고 있기 때문입니다. 모든 권력과 정부 형태를 부정하는 무정부주의자들은 권력의 못된 속성을 강조하면서 권력의 긍정적인 역할을 애써 외면합니다. 하지만 그럴 수는 없는 일입니다.

권력이 수행하는 빼앗기와 통제·조절·배분은 아주 가깝게 연결돼 있습니다. 앞에서 세종과 수양제를 비교하며 말했듯 권력은 빼앗기만 해선 안 됩니다. 빼앗지만 어느 정도 돌려줘야 합니다. 물론 권력자와 권력층 입장에서 썩 내키는 일은 아니지만 권력을 유지하고 확장하기 위해, 말하자면 보다 큰 것을 위해 작은 것을 양보해야 합니다.

하지만 권력은 똑같이 돌려주진 않습니다. 권력과 가까이 있는 사람들부터 챙기는 것은 당연합니다. 배분의 꼭대기에 권력자와 권력집단이 있습니다. 그 다음에 권력자와 권력집단에 동조하는 세력, 즉 권력 협조집단이나 계층을 챙깁니다. 결국 약자는 가장 적게 돌려받는 게 역사상 나타난 가장 일반적인 배분 현상입니다. 유럽에서 사회 민주주의의 등장 등으로 사회 복지가 크게 확장됨에 따라 사회적 약자들도 예전보다 많은 것을 나눠 갖게 됐습니다. 하지만 이것은 권력의 속성이 변했다기보다는 유지와 팽창을 위한 적응으로 봐야 합니다. 이것은 앞으로 설명할 욕망과 평등의지의 충돌에서 나타난 발전의 방향입니다.

권력은 욕망을 제어해 사회의 통합·유지·발전을 꾀합니다. 하지만 국가 구성원들의 욕망을 똑같은 잣대로 제어하진 않습니다. 국가 구성원들은 신분과 위치에 따라, 소속된 계층과 계급에 따라 욕망 표현에 차이를 갖습니다. 많이 가진 사람일수록 욕망 표출을 많이 할 수 있습니다. 게다가 알이 먼저냐, 닭이 먼저냐 하는 문제겠지만 태생이 좋은 사람은 어릴 때부터 더 많은 욕망을 교육받습니다. 마음만 먹으면 적게 갖고 있는 사람이 꿈조차 꾸기 힘든 것을 척척 해낼 수 있기 때문입니다.

이것은 아주 중요한 말입니다. 가진 자가 더 많은 욕망을 가질 수 있다는 말은 욕망이 개인 차원에 머물지 않는다는 것을 말해 줍니다. 아주 개인적인 욕망인 것처럼 보인다 해도 개인의 욕망은 결국 사회적 욕망과 얽혀 이뤄지게 됩니다.

여러분은 어떤 욕망을 갖고 있습니까? 어떤 꿈을 꾸며 어떤 사람이 되고 싶고 어떤 지위를 원합니까? 찬찬히 살펴보면 여러분이 갖고 있는 욕망은 어릴 때부터 여러분이 살면서 겪은 환경, 가정, 교육, 인간관계의 산물이라는 것을 느끼게 될 것입니다. 그중에서도 욕망에 가장 큰 영향을 주는 것은 역시 여러분이 살아 온 경제환경이 되겠죠. 여러분은 아직도 이루지 못할 꿈은 없다고 생각하십니까? 개천에서 용 나듯, 그야말로 전설로 불릴 성공 스토리를 우리 주변에서 얼마나 볼 수 있나요?

평등의지는 무엇인가요? 단순하게 말하면 차별 없이 모두 똑같이 나눠 갖자는 것입니다. 선사 시대에 평등의지는 기층 민중 개개인의 무의식 속에, 느낌과 감정 속에, 눈물과 고통 속에 갇혀 있었습니다. 힘으로 찍어 누르는 지배자와 권력층의 폭력 앞에 꼼짝없이 복종할 수밖에 없었습니다.

하지만 시간과 역사가 진행되면서 개인 속에 갇혀 있던 평등의지는 조금씩, 아주 조금씩 밖으로 터져 나오게 됩니다. 지배당하고 있는 사람들의 평등의지가 점점 더 강하게 표출돼 모아졌고 권력자들은 평등의지의 힘을 제어하는 숙제를 안게 됐습니다. 우리는 근대 이후 평등의지가 용암처럼 터져 나온 때를 많이 알고 있습니다. 동학농민혁명, 광주민주화운동이 그렇고 프랑스 혁명이 그렇습니다. 권력자의 횡포가 더 심해지고 빼앗기만 하고 나눠 주는 것이 아주 적어질 때 평등의지는 순간 들불처럼 번지며 사회를 휩쓸어버립니다.

물론 평등의지도 욕망으로부터 나옵니다. "더 이상 이런 차별을 참을 수 없다. 들고일어나자"라는 구호 속에는 자신에게 강제되고 있는 권력의 못된 욕망에 맞서 자신의 가장 기본적인 욕망을 지키기 위한 의지가 담겨 있습니다. 평등의지의 욕망은 그래서 가장 순수한 형태의 욕망이라 하겠습니다. 빼앗기를 통해 자신의 배를 불리고 있는 소수의 권력집단을 향해 던지는 저항인 것입니다.

　근대 이후 평등의지가 강렬하게 분출되며 때로 사회와 권력 시스템을 뒤집을 정도로 힘이 세지자 권력자와 권력 시스템은 세련된 방식으로 발전하게 됩니다. 의회 민주주의, 선거제도, 중립 기관으로 대변되는 관료제 등을 통해서 말이죠. 그렇다면 현대 민주주의 사회에서 권력의 속성은 과거에 비해 크게 바뀐 것일까요? 우리는 정말 자유와 평등이 보장된 사회에 살고 있는 것일까요? 과연 현대 자본주의의 권력은 국민의 자유와 평등을 보장하고 확대하는 중재자일까요?

눈 가리고 아웅하는 세 개의 권력

PART2

■ ■ ■

　현대 자본주의 사회에서는 국가권력, 정치권력, 경제권력이 삼두마차를 이루어 권력을 형성하고 있습니다. 다 알다시피 국가권력은 대통령을 정점으로 청와대, 행정부, 사법부 등으로 이루어져 있습니다. 정치권력은 주로 국회, 정당을 중심으로 의회 민주주의를 실현하는 권력기관입니다.

　경제권력은 국가권력이나 정치권력과는 좀 다른 권력입니다. 국가권력이나 정치권력을 대할 때면 "이게 권력이구나" 하는 느낌을 직접 받을 수 있습니다. 법을 어겨 적발되면 그에 해당하는 제재를 받게 됩니다. 작게는 벌금을 내게 되고 크게는 형무소에 갇혀 지내게 됩니다. 이에 비해 경제권력은 아주 교묘한 장치를 갖고 있습니다. 경제권력은 눈으로 보거나 몸으로 쉽게 느낄 수 없습니다.

　경제권력은 국가권력이나 정치권력에 비해 결코 힘이 약하지 않습니다. 자본주의가 발달할수록 경제권력의 힘은 더욱 커집니다. "정권은 유한하지만 재벌은 무한하다"는 말이 그래서 나왔습니다.

　자본주의가 발달한 나라에서 경제권력은 국가권력과 정치권력을 좌우하는 힘을 갖게 됐습니다. 왜 그럴까요? 경제권력이 국가권력과 정치권력을 압도하는 힘을 갖게 된 이유는 무엇일까요? 국가권력, 정치권력, 경제권력이라는 트로이카 권력은 자본주의 사회에서 서로 어떻게 연결돼 있을까요? 이 세 권력이 과연 우리의 자유와 평등을 높여 주는 것일까요? 비록 지금은 만족스럽지 않을지라도 기대하고 있으면 언젠가 우리의 자유와 평등이 높아질까요? 이번 장에서 우리가 관심을 갖고 지켜 볼 내용이 바로 이것입니다.

현대 사회에서 정치가 뭐냐고 물어보면 우리는 대부분 국회와 국회의원을 먼저 떠올립니다. 앞에서 말했듯 자본주의 사회에서 권력은 세련화 과정을 겪게 됩니다. 이제 권력은 몽둥이를 직접 들고 국민을 통제하기보다는 법과 제도, 규칙에 따라 통치하고 있습니다. 그 법을 바로 국회와 국회의원이 만들고, 국회의원은 선거에서 국민이 뽑기 때문에 법은 국민의 의지에 따라 만들어진다는 게 대의 민주주의 제도의 핵심입니다.

정말 그럴까요? 지금 우리가 지켜야 하는 법은 국민 대다수의 이해와 의지와 뜻을 반영해 만들어진 것일까요? 지금 우리가 지켜야 하고 어길 경우 우리를 제재하는 권리를 갖고 있는 그 법은 과연 어떻게 만들어지는 것일까요?

우리는 교과서에서 대의 민주주의는 현실적으로 가장 최선의 정치제도라고 교육받았습니다. 그리스의 직접 민주주의를 시행하면, 간접·대의 민주주의를 시행할 때보다 국민의 뜻에 보다 가까운 법과 제도를 마련할 수 있지만 국가의 규모가 커지고 경제·사회·문화가 크게 분화됐기 때문에 직접 민주주의를 시행하기 불가능하다고 교과서는 친절하게 가르치고 있습니다. 이런 주장이 완전히 틀린 것은 아닙니다. 분명 대의 민주주의에서 법과 제도는 과거 고대 절대 군주제나 봉건 왕조에 비해 국민의 뜻을 많이 담고 있습니다. 이것은 분명한 발전입니다. 하지만 여기서 문제는 권력이 스스로 원해서 그런 것이 아니라는 점입니다. 그렇게 해야만 권력의 형성·유지·확장이 가능하기 때문에 적응해 나간 결과입니다.

대의 민주주의 체제에서 국회와 국회의원들이 자신을 뽑아 준 국민의 뜻에 딱 들어맞게 법과 제도를 만들고 있을까요? 대의 민주주의의 화려한 포장은 "그렇다"고 주장합니다. "비록 늘 그렇지는 않을지라도 언젠가는 국민의 뜻이 법과 제도에 담기게 된다"는 말인데요. 이런 주장이 맞기 위해서는 왜곡 과정이 없어야 합니다. 다시 말해 국민의 뜻이 제대로 모아지고 그것이 선거를 통해 국회와 국회의원들에 전달돼야 합니다. 또 국회와 의원들이 자신들을 뽑아 준 국민들의 뜻에 맞게 법과 제도를 개선해 나가야 합니다.

하지만 우리는 국민의 뜻과 국회·국회의원들 사이에 커다란 간극이 존재한다는 것을 늘 보고 있습니다. 왜 그럴까요? 우리는 우리를 대변할 것이라고 믿고 우리의 대변인들을 뽑아 국회로 보내는데 왜 우리의 뜻은 제대로 국회에서 펼쳐지지 않는 것일까요? 왜곡은 왜 생겨나는 것일까요? 이 간극 사이에 경제권력이 숨어 있기 때문입니다.

앞에서 강조했듯 역사가 진행될수록 평등의지가 강해지고 권력은 자신의 속성을 숨겨야 합니다. 권력은 빼앗기를 기본 속성으로 하고 있지만 되도록 좋은 인상을 남겨야 합니다. "지금 이것을 빼앗지만 다시 돌려 줄 테니 믿고 안심하라"고 미소를 짓습니다. 그래야 권력 시스템이 유지될 수 있기 때문인데요. 모든 대의 민주주의가 그렇고 특히 한국 사회의 대의 민주주의는 더욱 그렇습니다.

여기서 경제권력은 매우 큰 역할을 하고 있습니다. 현대 자본주의를 가장 괜찮은, 지금까지 인류 역사상 가장 최선의 제도라고 믿도록 만드는 역할도 경제권력이 갖고 있는 임무 중 하나입니다. 게다가 경제권력은 이제 국가·정치권력이 형성·유지·확장될 수 있도록 돕는 일등공신입니다. 어찌 보면 국가·정치권력의 유지와 확장은 곧 경제권력의 무한팽창 욕구를 충족하기 위한 것으로 보일 정도입니다.

경제권력은 국가·정치권력에 비해 한참 신참입니다. 기껏해야 상업 자본주의가 형성되던 16세기 이후에 등장했습니다. 하지만 경제권력은 꾸준히 힘을 키웠고 이제 국가·정치권력이 경제권력의 눈치를 보면서 빌붙어 사는 꼴이 됐습니다. 권력의 최상위에 등극한 것입니다.

예를 들어 봅시다. 미국에서 대통령을 만드는 사람들은 누구일까요? 미국 대통령은 국민 대다수의 지지를 받아 선출된다고 우리모두 알고 있습니다. 물론 형태상 그렇습니다. 미국에서 로비활동은 합법화돼 있습니다. 로비를 직업으로 삼고 있는 로비스트는 특정인이나 이익집단의 부탁을 받고 입법 과정과 정부 활동에 영향력을행사합니다. 의뢰한 집단의 입맛에 맞게 법을 고치는 일을 합니다.미국은 1946년 연방 로비규제법을 제정해 로비활동을 공식 보장했습니다. 하지만 이것도 부족하다고 느껴 1995년에 로비명세법을 제정해 로비스트 개념을 크게 넓혔습니다.

엄청난 대가를 지불하고 로비스트를 고용하는 집단은 누구일까요? 로비스트에 거액의 돈을 지불할 능력을 갖고 있는 사람들입니다. 이들은 왜 로비스트에 거액을 선뜻 내줄까요? 로비스트를 고용해 자신의 이해에 맞게 법을 고치면 그보다 수십 배, 수백 배의 이익을 거둘 수 있기 때문입니다. 로비스트를 고용하는 사람들이 주로 경제권력자들인 이유는 바로 이 때문입니다.

말하자면 로비스트는 미국에서 국가·정치권력과 경제권력 사이를 이어주는 징검다리라 할 수 있습니다. 로비스트는 국가·정치권력과 경제권력이 일일이 만나는 불편함과 번거로움을 줄여 줍니다.국가·정치권력과 경제권력이 자주 만나 이런저런 법을 만들어 낸다면 모양새가 영 좋지 않겠죠. 그래서 로비스트가 필요했던 것입니다. 로비스트는 양쪽의 이견을 줄이고 양쪽이 윈-윈 할 수 있는 방법을 제안하는데, 그 과정에서 엄청난 금액을 챙깁니다. 경제권력 입장에서 전혀 아깝지 않은 금액이긴 하지만요.

자본주의 사회에서 경제권력은 국가·정치권력을 뒷받침하는 든든한 원천입니다. 대통령이 되기 위해선 경제권력의 지지가 절대적으로 필요합니다. 물론 때로, 아주 드물게 경제권력의 지지와 크게 상관없이 국가권력자가 등장할 수도 있습니다. 돈키호테 식 권력자의 출현인데요. 하지만 그런 권력자라 하더라도 일단 권력을 잡게 되면 기존 권력 시스템을 완전히 뒤바꾸지 않는 이상 결국 강력한 기존 권력 시스템에 갇히게 됩니다. 의지와 비전, 역사의식에 상관없이 시스템은 권력과 권력자를 빨아들입니다. 오랫동안 그렇게 작동해 왔기 때문에 돈키호테가 그것을 한꺼번에 바꾸기 어려운 것은 당연합니다.

국회의원이 되기 위해서도 경제권력의 도움이 필요합니다. 국회의원 선거를 앞두고 여야 구분 없이 의원들은 일제히 출판기념회를 엽니다. 심지어 어떤 의원은 한 달에 한 번씩, 여러 차례 출판기념회를 갖습니다. 현재 우리나라의 정치자금법은 정치자금 기부를 매우 엄격하게 제한하고 있습니다. 이를 어기고 정치자금을 모아 처벌받을 경우 의원들은 의원직을 잃어버리게 됩니다.

국회의원이 어떤 자리입니까? 의원이 되면 엄청난 특권을 누릴 수 있습니다. 사회적 지위는 물론 각종 면책특권까지 갖게 됩니다. 그런 자리를 걸고 정치자금을 불법으로 모으려는 모험을 하기는 제도상 어렵습니다. 하지만 안타깝게도 우리 국회의원들 중에는 모험심이 아주 강한 사람들이 많습니다. 설마 걸리겠어, 라고 생각하는 것일 텐데요. 불법임을 뻔히 알면서도 정치자금을 선뜻 받아들이는 의원들이 적지 않다는 것은 이미 공공연한 사실입니다. 우리 국회의원들은 정말 용감합니다. 아니, 현명한 건가요? 특별한 이유가 없으면 검찰이 의원들의 불법 정치자금 수사에 착수하지 않을 것이라는 믿음이 강한 건가요? 서로 으르렁거리지만 결국 같은 편이다, 이건가요?

그래서 의원들이 정치자금을 모으기 위해 가장 선호하는 방법이 출판기념회입니다. 자신이 살아 온 길을 온갖 미사여구로 꾸며 자서전을 내기도 하고 자신이 직접 쓰지 않고 작가를 동원해 시답지 않은 내용의 책을 대충 엮어 냅니다. 출판기념회는 바로 이렇게 급조된 책을 팔아 치우기 위해 열립니다. 판매 수익금 중 상당부분을 해당 의원이 거머쥐게 됩니다. 이때 걷어 들인 이익은 정치자금법의 제약에서 자유롭습니다. 몰래 숨어서 정치자금법을 위반하며 돈을 걷어 들이는 방법에 비해 한결 부드럽고 위험도 적습니다.

한번은 저랑 친한 모 대기업의 홍보임원이 하소연하더군요. 모 국회의원의 보좌관이 갑자기 전화를 걸어 자신이 얼마 전 책을 냈다면서 1000권을 사 달라고 요청했답니다. 책값이 만 원이라면 1000만 원을 상납하라는 요구인 셈인데요. 그 보좌관은 심지어 책값을 현금으로 지불해 달라고 친절하게 요청했다고 합니다. 이 보좌관은 그 대기업에만 전화를 걸지 않았을 것입니다. 30군데에 1000만 원씩을 요청했다고 가정하면 3억 원을 한꺼번에 벌어들일 수 있게 됩니다. 정말 의원이 돈 벌기 쉽죠?

로비스트와 출판기념회 사례에서 엿볼 수 있는 국가·정치권력과 경제권력의 유착은 사회 곳곳에 광범위하게 뿌리내리고 있습니다. 검찰은 또 어떻습니까? 우리는 특정 그룹과 검찰 수뇌부가 이런저런 이유로 유착돼 있다는 것을 뉴스를 통해 접하곤 합니다. 검찰 고위간부 출신이 퇴직 후 대기업의 법률 고문으로 가는 일은 아주 흔한 일입니다. 대그룹은 왜 전직 고위간부를 채용할까요? 로비스트로 활용하기 위해서겠죠.

여기서 일일이 설명하기에 장황하지만, 국가·정치권력자들과 경제권력의 인적 유착에 관한 기사를 검색해보면 이들의 공생관계를 보다 확실히 알 수 있습니다. 지연, 혈연, 학연 그리고 혼인으로 촘촘히 짜 놓은 인맥 네트워크를 보면 그들이 거대한 동질집단을 지향하고 있다는 것을 금세 알 수 있습니다.

권력자들은 이제 국가권력의 직접적인 힘을 동원해 지배하는 게 어렵다는 것을 알고 있습니다. 정치권력은 자신들의 탐욕을 노골적으로 드러낼 경우 선거에서 질 수밖에 없기 때문에 탐욕을 최대한 숨겨야 합니다. 평등의지가 강해질수록 국가·정치권력은 탐욕을 꽁꽁 은폐시켜야 합니다. 탐욕 그 자체를 없앨 수는 없습니다. 탐욕은 역사상 존재했던 권력자들과 그 시스템을 지탱하는 힘의 원천이자 결과입니다.

난처해진 국가·정치권력 대신 욕망 충족의 그릇 역할을 자처하고 있는 쪽이 바로 경제권력입니다. 사회의 부를 한 곳으로 모아 국가·정치권력이 자연스럽게 나눠먹을 수 있도록 하는 역할을 합니다. 국가·정치권력이 경제권력에 종속될수록, 말하자면 국가·정치권력자들이 자신들의 돈에 매달릴수록 경제권력의 힘은 그만큼 세집니다.

경제권력자들은 마치 허수아비 황제 밑에서 자신의 욕망을 마음껏 실현시켰던 힘 있는 재상과 같습니다. 욕은 황제가 실컷 먹고 재상은 그 황제 밑에서 맘껏 자신의 배를 채웁니다. 다만 자신이 걷어들인 재물 가운데 일부를 황제에게 던져 주면 됩니다. 만에 하나 백성이 들고일어나도 크게 문제될 게 없습니다. 불만은 허수아비 황제에게 쏟아지게 될 테니까요. 재상은 짐짓 얼굴을 바꾸고 자신의 원래 속뜻은 그렇지 않았다며 한발 물러섭니다. 그리고 개과천선한 척하며 자신만이 새로운 황제 밑에서 폭정과 강탈로 어려워진 나라를 재건시킬 수 있다고 장담합니다. 또다시 자신의 배를 맘껏 채울 때를 기다리면서 말입니다.

현대 자본주의에서 가장 중요한 활동은 경제활동입니다. 국가권력은 국민의 안녕, 그리고 국토의 유지와 확대를 꾀해야 하는데 그러자면 가장 중요한 게 국부의 창출과 확장입니다. 나라살림을 넉넉하게 해야 다른 것들이 가능해집니다.

세계 각국은 경제 전쟁을 벌이고 있습니다. 과거처럼 영토를 직접 빼앗는 대신 보다 발전된 경제력을 바탕으로 다른 나라를 압도하는 경제 전쟁 시대입니다. 말로는 상생을 내세우지만 세계 각국은 다른 나라를 이용해 자신의 배를 불리기 위해 총성 없는, 그러나 예전보다 한결 더 치열하고 교묘한 전쟁을 벌이고 있습니다.

글로벌 경제위기 속에서 디폴트(채무불이행) 위기에 내몰린 그리스는 엄청난 굴욕을 참을 수밖에 없었습니다. 독일을 중심으로 한 유로존에 경제주권을 내줘야 했죠. 그리스 경제가 붕괴되면 유로라는 단일통화로 묶여 있는 유로존은 엄청난 위기를 겪게 됩니다. 우리나라는 이미 1997년에 IMF(국제통화기금) 체제를 겪었습니다. 디폴트 선언을 했고 다른 나라의 말도 안 되는 간섭을 고스란히 받아야 했습니다. 그 과정에서 서민과 빈민층이 가장 큰 피해를 입었습니다.

우리는 경제력이 약해지면 어떤 비참한 상황에 내몰리게 되는지 이미 경험을 했습니다. 그래서 권력이 강조하는 논리에 쉽게 빠져들곤 합니다. 바로 '성장 우선 논리'입니다. 먼저 파이를 키워야 한다는 것입니다. 배분과 복지도 중요하지만 먼저 경제성장부터 해야 한다는 주장입니다.

이 논리는 박정희 정권의 경제개발 우선 정책에서 가장 뚜렷하게 드러납니다. 당시 한국 경제는 광복 이후 여전히 낮은 수준에 머물고 있었습니다. 사실 나누려 해도 나눌 게 마땅치 않았던 게 사실입니다. 박 정권의 새마을운동은 그래서 국민의 광범위한 공감대를 얻을 수 있었던 근거를 가질 수 있었습니다. 여기서 박정희 정권의 개발 드라이브 정책이 옳았다, 틀렸다는 것을 평가하려는 것은 아닙니다. 사실 박 정권의 정책이 이후 한국 경제에 긍정적인 역할을 한 것은 누구도 부정하기 어렵습니다. 또 당시 성장과 배분을 동시에 추구했다면 한국 경제가 지금보다 더 높은 차원으로 갈 수 있었는가는 미지수입니다.

하지만 박 정권의 개발 드라이브 정책은 엄청난 문제점을 낳았고 기층 민중의 저항에 부딪히게 됩니다. 아무리 경제가 성장해도 그

혜택이 국민 대다수에 돌아가지 않는다는 깨달음이 확산된 것입니다. 노동자를 비롯해 국민들의 땀과 열정으로 가능했던 경제 성장이었는데 그 열매를 몇몇 소수 권력자들이 독차지하고 있다는 판단이 국민 사이에 퍼졌습니다. 저항하는 노동자나 빈민층에 대한 무자비한 탄압은 결국 박정희 대통령의 시해로 이어졌고 기존 권력의 갑작스런 해체, 그리고 무늬만 바뀐 전두환 정권의 등장으로 이어졌습니다.

전두환 정권, 노태우 정권, 김영삼 정권은 권력 속성상 박정희 정권의 계승자였습니다. 하지만 권력 행사의 과정은 많이 달라졌죠. 박 정권처럼 힘으로, 때론 사상교육으로 평등의지를 잠재울 수 없는 상황이 됐습니다. 정권은 갈수록 유연해졌고 세련된 모습으로 진화했습니다. 천천히, 그리고 조금씩 배분하는 양을 늘려 나갔습니다.

사실상 대한민국 최초의 정권교체를 이뤘다고 주장하는 김대중 정권은 많은 기대 속에 출범했습니다. 노동자와 빈민층에 대한 탄압은 확실히 줄었습니다. 김대중 전 대통령은 노벨평화상을 타기도 했죠. 김대중 정권은 초기에 철저한 재벌 개혁에 나서는 듯 했습니다. 하지만 이내 꼬리를 내렸죠. 타협하기 시작한 것입니다. 어쩔 수 없었을까요? 기존 국가·정치·경제권력의 강한 저항을 이겨내며 김대중 정권의 대선 공약대로 재벌해체 수준의 개혁을 강행할 수 없었을까요?

그렇습니다. 도리가 없었습니다. 왜일까요? 경제권력을 중심으로 똘똘 뭉쳐 있는 트로이카 권력의 속성을 한방에 바꿀 수 없었기 때문입니다. 무슨 일을 하건 트로이카 권력의 협조가 절대적으로 필요합니다. 그들의 동의와 협력 없이 국가·정치권력을 제대로 행사하는 것은 불가능합니다. 비록 김대중 정권은 성장의 또 다른 축으로 벤처·중소기업 육성 정책을 내놓기도 했지만 기존 대기업 중심의 성장 전략을 이어갔습니다.

노무현 정권은 기존 권력세력과 확실히 달랐습니다. 노무현 전 대통령을 두고 보수세력은 돈키호테라고 비꼬았습니다. 현실과 동떨어져 자신의 엉뚱한 꿈 속에 빠져 있다는 비유였죠. 이 말이 아예 틀린 것은 아닐 것입니다. 왜 그럴까요? 노무현 전 대통령은 자신이 그리고 있는 미래권력을 당시 현실에 도입하려 했습니다. 하지만 무슨 일이건 때가 있는 법입니다. 고대 노예제 사회에서 대의 민주주의를 외친다고 현실에서 실현시킬 수 없습니다. 노 전 대통령의 좌충우돌은 그래서 처량하고 슬프지만 고귀한 여운을 남깁니다. 자살이란 극단적인 선택 뒤에는 시대를 앞서 간 한 지도자의 눈물과 고통이 놓여 있습니다.

노무현 정권 역시 경제정책의 우선순위를 놓고 고민에 빠졌습니다. '성장이 먼저냐, 분배가 먼저냐'는 해묵은 과제였죠. 비록 역대 정권에 비해 분배에 보다 많은 관심을 기울이긴 했지만 썩 만족할 만한 수준은 아니었습니다. 자본주의 사회에서 국가·정치권력은 늘 성장을 강조합니다. 기층 민중에서 배분과 복지의 요구가 강해질 때마다 권력은 우려 섞인 목소리로 "원하는 대로 펑펑 나누다 보면 경제 위기가 찾아온다"고 외칩니다. 벌어들인 돈에서 되도록 많은 양을 저축해 새로운 부를 창출할 투자로 활용해야 한다는 주장입니다. 헤프게 써서 다 함께 쪼들리는 일이 없어야 한다는 것입니다. 물론 그 부가 축적되는 곳은 기업, 그것도 한국 전체 기업의 1%에 불과한 대기업입니다.

많이 벌어 공평하게 나누는 것은 가장 이상적인 시스템일 것입니다. 누가 이것을 대놓고 반대하겠습니까? 하지만 현실을 보면 그렇지 않습니다. 매년 새해가 되면 반복되는 일이 있습니다. 국가·정치권력은 기업들이 고용과 투자를 확대해 경제성장에 이바지해 달라고 요청합니다. 그러면 곧 주요 대기업들이 "비록 경제여건이 좋지 않지만 전년에 비해 일자리와 투자 규모를 늘리겠다"고 화답합니다. 몇몇 대기업은 '사상 최대 규모 투자'를 강조하곤 합니다.

이런 일은 일종의 쇼입니다. 국가·정치권력 그리고 경제권력이 나라와 국민과 경제를 위해 노심초사하고 있다는 것을 널리 알리고자 하는 꼼수입니다. 연말에 실제 대기업들이 고용하고 투자한 실적을 보면 연초에 제시했던 것에 비해 몇 천억 원씩, 크게는 1~2조 원가량 적습니다. "예상했던 것보다 글로벌 경제여건이 좋지 않아 어쩔 수 없었다"는 게 그들의 변명입니다. 그렇지만 정말 그럴까요? 아닙니다. 그들은 처음부터 연초에 제시하는 숫자를 그대로 지킬 생각을 갖고 있지 않았습니다. 장밋빛 숫자를 내놓고 생색을 팍 내면 그뿐입니다. 지키지 않는다고 누가 쇠고랑 채우는 것도, 경찰 사이렌이 울리는 것도 아니니까요.

대기업들이 가장 심혈을 기울이고 있는 것은 무엇입니까? 바로 부의 상속입니다. 자식들에게 기업과 부를 대물림하기 위해 온갖 방법을 쥐어짜내고 있습니다. 그것도 여러 편법과 불법과 탈법을 동원해 돈을 가장 적게 들이면서 말이죠. 상속세를 적법하게 다 내면서 부와 기업을 물려 줘도 될 것이지만, 욕망덩어리인 그들은 그것마저 아까운 것입니다. 그렇게 많은 재산을 쌓아 놓았고 앞으로도 엄청난 돈을 긁어모을 그들이지만 말입니다.

그들이 불법인 것을 몰라 그런 방법을 동원했겠습니까? 아닙니다. 믿는 구석이 있으니 그렇게 한 것입니다. "설마 나를 어쩌겠나"라는 자만심입니다. "내가 너희를 먹여 살리고 있는데 이 정도 일로 나에게 칼을 들이댈 수 있겠냐"는 것이지요.

그래서 이름깨나 한다는 대기업의 총수들은 시장 참여자라면 뻔히 알 수 있는 알량한 편법을 마음대로 자행했던 것입니다. 뭐 그다지 숨길 의도가 없었던 것이라고 봐야 하겠죠. 착각은 자유라지만 이래선 곤란했습니다. 예전에 비해 시장 감시자들이 많아졌고, 국가·정치권력은 유권자이기도 한 그들의 눈치를 볼 수밖에 없었으니까요.

그래서 나타난 현상이 바로 눈 가리고 아웅 식으로 '잡았다 풀어

주는' 것입니다. 일단 검찰 수사가 진행되면 탈법과 불법 행위를 잡아내는 것은 식은 죽 먹기입니다. 너무 뻔하기 때문이죠. 그래서 검찰은 일단 기소합니다. 다만 불구속 기소해야 합니다. 왜냐구요? 구속하게 되면 손발 맞추기가 쉽지 않고 총수들이 대책 마련을 제대로 할 수 없으니까요. 감히 경제권력의 최상위층을 형성하고 있는 재벌 총수를 검찰이 구속할 수 있겠습니까? 게다가 이미 받을 만큼 많이 받았고, 앞으로도 더 많이 받아야 하는데 말입니다.

정권과 검찰은 계속해서 여론의 동향을 살핍니다. 되도록 총수를 고이 집으로 돌려보내야 하지만 자칫 여론이 악화될 수 있기 때문이죠. 여론 동향이 생각보다 나빠지면 짐짓 법망을 조이는 제스처를 취하면 됩니다. "이번에야말로 엄중처벌하겠다"고 하지만 그러면서도 놓아 줄 묘책을 찾기 바쁩니다. "정황은 뚜렷하나 명백한 증거가 부족하다"는 방법은 자주 쓰이는 단골메뉴입니다.

그나마도 여의치 않아 쉽게 놓아 주기 어렵다면 시간을 끌면 됩니다. 검찰은 다시 법을 어긴 총수와 그룹 임직원들에게 아주 약한 형벌을 매깁니다. 그러면 법원도 그게 좋겠다며 더 약한 처벌을 선고합니다. 그러면서 다시 시간을 질질 끕니다. 풀어 줄 수 있을 때까지 기다리면서 말이죠. 우리는 알고 있습니다. 모 그룹의 총수가 평창 동계올림픽 유치를 위해 반드시 백의종군해야 하기 때문에 대국적인 관점에서 사면된 것을 말이죠. 그 그룹 총수가 활동을 하지 않았다면 평창 동계올림픽을 유치하지 못했을까요? 물론 그랬을 수도 있습니다. 하지만 아닐 수도 있었죠. 당연히 국가·정치권력자들은 자신들이 나라를 위해 훌륭한 선택을 했다고 자위했습니다. 보수언론은 그 총수의 일거수일투족을 자세히 생중계하며 이를 뒷받침했습니다.

우리는 이 과정에서 이들의 연대가 훨씬 굳건해졌다는 것을 짐작할 수 있습니다. 안 그렇겠습니까? 다 잡았다 쉽게 풀어 줬는데 말입니다. 다음 수순은 무엇일까요? 연대 강화 아닐까요?

이렇게 국가·정치권력과 경제권력이 작당모의해서 자행하는 일들은 이루 헤아릴 수 없습니다. 위에서 든 예는 아주 일부에 불과합니다. 한 통속이 된 트로이카 권력은 주로 무슨 일을 하고 있을까요? 창출된 부를 되도록 많이 가져가는 일에 몰두하고 있습니다. 가능한 한 적게 나눠주고 모은 돈을 그들이 적당히 나눠 갖고 있습니다. 트로이카 권력 사이에 벌어지는 암투와 갈등은 싹쓸이한 부를 나눠 갖는 과정에서 "왜 내 몫은 이렇게 적냐"는 불만 때문에 벌어지는 경우가 많습니다.

우리는 알고 있습니다. 이명박 정권의 기업 정책은 철저히 대기업 중심이었고, 세금 정책은 부유층 중심이었다는 것을 말이죠. 그러면서 근거로 제시한 게 바로 넘쳐흐른 물이 바닥을 적신다는 뜻을 지닌 '낙수효과'입니다. 대기업이 투자를 많이 해서 생산설비를 늘리고 수출을 많이 해야 경제발전의 선순환이 나타난다는 게 낙수효과의 핵심입니다. 기업이 생산과 판매를 많이 해야 직원들에게 임금을 많이 주고 또 고용도 늘릴 수 있고 하청기업들도 혜택을 받을 것이라는 주장은 틀린 말은 아닙니다. 임금을 좀 더 많이 받은 노동자들은 소비를 늘릴 것이고, 서비스 산업 등 내수 산업이 활성화됩니다. 그러면 다시 기업들의 판매가 늘어나고 투자할 여력을 더 많이 확보하게 됩니다.

세금 정책도 마찬가지 논리입니다. 부유층에 대한 세금을 줄여주면 줄어든 만큼 부유층이 소비를 늘릴 것이고, 그러면 내수 시장이 활성화돼서 다른 많은 사람들에게 혜택이 돌아갈 것이라는 주장입니다. 그러니까 이명박 정권이 선택한 낙수효과는 한마디로 '대기업과 부유층의 소득을 일단 늘리자, 그러면 투자가 늘고 경기가 활성화돼서 저소득층에게도 혜택이 돌아간다'는 단순 논리입니다.

하지만 현실은 어떻습니까? 대기업과 부유층이 돈을 더 풀었습니까? 대기업이 중소 하청업체들에게 강요하는 납품단가 인하 요구가 줄었습니까? 대기업이 중소기업 고유 업종을 침범해 심지어 동네 슈퍼마저 경영이 어려워지는 일을 자제했습니까? 부유층이 줄어든 세금만큼 소비를 늘려 저소득층에게 혜택을 돌렸습니까?

그래서 결국 이명박 정권의 대선 공약 가운데 핵심인 낙수효과 정책은 사실상 폐기됩니다. 이 정책이 효과를 발휘할 것이라고 단순한 머리로 정말 믿었던 건지는 알 수 없습니다. 만약 그렇다면 그들을 뽑은 우리의 손가락을 원망해야 합니다. 하지만 이 정책은 2007년 대선 당시에는 상당히 인기를 끌었습니다. 재계는 쌍수를 들어 환영했고 보수언론은 드디어 제대로 된 정책을 제시하는, '상식'을 지닌 정치세력이 등장했다고 치켜세웠습니다.

낙수효과 정책은 트로이카 권력이 지닌 한계를 보여 주는 상징 가운데 하나입니다. 자신들이 집권하도록 도와 준 경제권력과 경제권력의 수혜자인 보수세력에게 선심을 쓴 것입니다. 그 정책이 정말 효과를 발휘할지, 그렇지 않을지는 크게 관심이 없었을 것입니다. 정권교체의 든든한 지지자들의 노고를 치하하고 장기 집권하는 발판으로 삼으려는 의도였겠죠.

하지만 상황은 그렇게 녹록하지 않게 됐습니다. 사회 감시망은 이제 그 어느 때보다 촘촘해졌습니다. 평등의지는 박탈감이 커질수록 활화산처럼 갑작스레 분출되기 마련입니다. 경제는 성장하는데, 세계 어느 나라보다 한국이 글로벌 위기를 슬기롭게 헤쳐 나가고 있는데 서민층의 삶은 별반 달라지지 않았습니다. 몇몇 기업이 사상 최고의 매출과 순이익을 달성했다는 뉴스는 이제 별나라 얘기로만 들립니다. 쥐꼬리만큼 나눠 주고 "이제 됐지"라는 방식이 통하지 않는 시대가 오고 있습니다.

요즘 우리는 보수정당인 새누리당과 온건 진보정당을 지향하고 있는 민주통합당이 아주 많이 가까워지고 있는 현상을 보고 있습니다. 내놓는 정책만 봐선 새누리당 것인지, 민주통합당 것인지 구분하기 힘들 때도 있습니다. 두 당 모두, 특히 새누리당은 언제 그랬냐는 듯 배분확대와 복지강화를 외치고 있습니다. 보수세력과 보수

언론은 "이렇게 막 퍼주는 포퓰리즘(대중인기영합주의)에 빠지면 나라
와 경제가 위기에 빠질 수 있다"며 반대하고 있지만 국회와 국회의
원 그리고 정당의 퍼주기 경쟁은 갈수록 치열해지고 있습니다.

왜 그럴까요? 왜 보수정당인 새누리당이 자신의 정체성을 포기
하는 척하면서까지 배분과 복지를 강조하고 있을까요? 무엇이 그들
을 그렇게 내몰았을까요? 다음 장에서 그 이유를 찾아봅시다. 이제
이 책에서 말하고 싶은 본론으로 들어가는 것입니다.

세상을
뒤엎은
스마트 권력

PART 3

■　■　■

지금은 스마트 혁명의 시대입니다. 스마트폰과 태블릿 PC가 처음 나왔을 때만 해도 대부분 사람들은 이런 엄청난 변화가 일어날 줄 전혀 예상하지 못했습니다. 스마트 기기를 통해 SNS는 전 세계를 하나로 묶고 있습니다.

스마트 권력은 무엇일까요? 아직 정확한 개념 정의는 없습니다. 이제 갓 등장한 현상이기 때문입니다. 스마트 파워를 이야기하는 사람들은 많지만 스마트 파워를 사회·역사·정치적으로 분석하는 이들은 거의 없습니다. 잘난 척을 하자면, 그래서 이 책이 스마트 파워의 개념을 새롭게 정의하고자 시도하는 것입니다.

스마트 권력은 손에 잡히지 않습니다. 하지만 분명 우리 주변에서 형성돼 사회 곳곳에 변화의 충격을 주고 있습니다. 스마트 권력이 일으키고 있는 변화의 충격은 일시적이지 않습니다. 앞으로 두고두고 커다란 변화로 이어질 게 분명합니다. 우리는 스마트 기기와 SNS를 사용하면서 스마트 권력의 형성과 확장에 참여하고 있습니다.

앞으로 스마트 권력의 여러 측면을 살펴보게 되겠지만, 여기서 스마트 권력에 대한 간략한 정의를 내려 보도록 하겠습니다. 앞으로 진행되는 내용을 위한 가이드라인을 제시하는 셈입니다.

스마트 권력은 스마트 기기와 서비스가 평등의지와 결합해 기존 권력에 저항하는 힘으로 전 세계에서 동시다발적으로 진행되고 있는, 인류 역사 최초로 등장한 집단 현상이라 하겠습니다. 사실 스마트 권력을 '권력'이라 부를 수 있는지는 명확하지 않습니다. 기존 권력과 완전히 다른 개념이기 때문입니다. 그래서 이 책에서는 때로 권력 개념이 어울리지 않을 경우에 '스마트 의지'라는 표현을 쓰고자 합니다.

권력은 남을 지배하며 각종 권한을 행사하고 이익을 취하는 힘입니다. 스마트 권력은 빼앗기를 핵심 속성으로 갖고 있는 기존 권력에 저항하는 반권력 에너지입니다. 협박하고 강제하는 힘이 아니라 속박에서 벗어나려는 의지입니다. 기존 권력의 정보 독점에 맞서 정보의 글로벌 공유를 지향합니다. 스마트 권력은 존재하지 않는 듯하지만 세계 곳곳에서 수억, 수십억 명의 사람들이 동시에 참여해 형성하고 확장시키고 있는 힘입니다. 스마트 권력은 기존 권력의 영역에 머물지 않습니다. 국민, 영토, 주권으로 이루어진 국민국가를 벗어나 시도 때도 없이 전 세계를 종횡무진 활보하고 있습니다.

스마트 권력은 전 세계의 정치·경제·사회를 뿌리에서부터 바꾸고 있습니다. 스마트 권력이 아직 새싹 수준에 불구함에도 전 세계의 국가·정치권력은 잔뜩 긴장하고 있습니다. 뭔가 정말 센 놈이 등장하고 있고, 그것이 자신들에게 엄청난 위협이 되고 있다는 것을 권력 특유의 본능으로 눈치 챈 것입니다.

스마트 권력은 아주 중요한 경제 활동의 중심으로 진입하고 있습니다. 뒤에서 살펴보겠지만 '클릭이 돈'이 되는 시대가 오고 있는 것입니다. 기업들은 스마트 시대에 스마트하게 돈을 벌어야 한다는 것을 기업 특유의 감각으로 알아차렸습니다. 생산·소비·유통에서 스마트 권력이 차지하는 역할은 갈수록 커질 것입니다. 기업들은 스마트 세대와 스마트 권력에 적응해야 살아남는 시대가 오고 있습니다.

스마트 권력이 정말 전 세계의 정치·경제·사회를 바꿔가고 있는 걸까요? 그렇다면 그 변화의 방향은 어느 쪽일까요? 스마트 권력과 평등의지는 어떻게 결합하고 있을까요? 스마트 권력의 원천은 무엇일까요?

과거 몽골족은 인류 역사상 유례가 없는 무서운 군사를 양성하고 영토 확장에 성공했습니다. 칭기즈칸이 이끄는 몽고 군대는 마치 아무 장애물도 없는 듯 거침없이 무서운 속도로 초원을 질주했습니다. 초원 위의 성들은 사상 최강의 군대를 만나 공포에 떨었습니다.

몽고군은 항복하는 성에는 관대한 조치를 내렸습니다. 약탈도 거의 하지 않았고 성의 기존 지배구조를 크게 바꾸지 않았습니다. 대신 복종한다는 맹세를 얻어내고 성의 지배층과 백성들을 몽골의 일원으로 받아들였습니다. 소수의 주둔군만 남긴 채 몽고군은 빠르게 다음 정복지를 향해 진군했습니다. 하지만 저항을 할 경우 그 대가는 정말 무서웠습니다. 저항이 치열할수록 성을 함락시킨 이후 잔인하게 응징했습니다. 약탈은 기본이었고 여자와 아이들을 모두 노예로 삼았으며 무기를 손에 들 수 있는 남자를 모두 땅에 묻어버리는 조치도 서슴지 않았습니다. 극렬하게 저항한 성의 경우 아예 완전히 불태워버려 역사에서 흔적도 없이 사라지게 하기도 했습니다.

몽고족의 힘은 상상을 초월한 이동성에 있었습니다. "어제 저기 쯤 있었으니 오늘은 여기에 있겠구나"라는 생각은 그들에게 적용되지 않았습니다. 몽고족은 중국 북서부, 유럽 동부의 광활한 유라시아 초원지대에서 사는 유목민이었습니다. 그들은 태어나면서부터 말을 타기 시작했고 말 위에서 밥을 먹으며 한 달 내내 달리기도 했습니다.

몽고군은 인류 역사상 가장 완벽한 노마드nomad(사전 의미로는 유목민을 뜻합니다. 자유롭고 창조적인 사고방식, 네트워크 활용능력, 뛰어난 확장성을 지닌 성향을 가리킬 때 쓰입니다. 21세기 스마트 혁명이 등장하며 노마드 식 사고와 전략은 더욱 중요한 경영 활동의 핵심으로 여겨지고 있습니다) 전투부대였습니다. 대부분 최고의 기동성을 지닌 기마군단으로 구성돼 있었습니다. 기병 한 명이 열 마리 이상의 말을 거느리며 말에서 말로 옮겨 타면서 다음 목적지를 향해 쉬지 않고 달렸습니다. 몽고 전사들은 하루에 160km를 손쉽게 전진할 수 있었다고 합니다. 당시 다른 나라의 군대들이 꾸불꾸불한 비포장도로를 따라 굼벵이처럼 이동했다면 몽고군은 막힘없이 직선으로 뚫린 고속도로를 쌩쌩 날아다닌 셈이었습니다. 당시 유럽 기병들이 두꺼운 철제 갑옷으로 무장한 것에 비해 몽고군은 갑옷의 무게를 최소화시켜 굼뜬 기병들을 손쉽게 제압할 수 있었습니다. 유럽의 군사력이 낡은 틀에 갇힌 채 방어 중심이었다면 몽고군은 철저하게 공격 중심의 적극적인 전략을 펼쳤던 것입니다.

몽고군은 식량도 철저히 노마드 식으로 해결했습니다. 예나 지금이나 군대의 병참, 즉 식량과 무기 조달은 전쟁과 전투의 승패를 가르는 변수입니다. 몽고군이 아무리 빠르게 전진한다 해도 병참이 뒷받침되지 않으면 계속 앞으로 나갈 수 없었습니다. 이 때문에 몽고군은 건조시킨 고기를 섬유질 가루로 만들어 동물의 방광이나 건조시킨 장에 보관했습니다. 양고기를 건조시켜 분말 형태로 만들어 양의 심장에 담았고 건조한 쇠고기 덩어리를 소의 방광에 넣어 휴대했습니다. 이 고깃가루를 채소 삶은 물에 불리면 다시 제대로 된 고기처럼 훌륭한 한 끼 식사가 됐습니다. 이렇게 한번 건조시켜 놓으면 무려 2년 동안이나 너끈히 보관해 먹을 수 있었습니다. 심지어 몰고 다니는 말들의 정맥에 구멍을 뚫어서 혈액을 마시며 기력을 보충하기도 했다고 합니다. 몽고군은 이처럼 병사 한 명이 모든 것을 알아서 처리하는 종합 패키지 시스템을 구축하고 있었기 때문에 보급로를 확보할 필요가 없었고 거침없이 앞으로 나아갈 수 있었습니다.

몽고족의 대제국 건설은 세계 역사상 유례를 찾아볼 수 없는 위업이었습니다. 그리스와 로마제국은 주변국을 완벽하게 압도하는 경제·문화·군사적 우위를 바탕으로 대제국을 건설했습니다. 중국의 하, 은, 주를 비롯한 이후 제국들도 마찬가지였습니다. 하지만 몽고족은 초원에서 홀연히 등장해 중원은 물론 유라시아와 중동지역에 걸쳐 역사상 가장 큰 제국을 세웠습니다. 칭기즈칸 이전까지 몽고족은 수백 개 부족으로 이루어진 미미한 종족에 불과했지만 불과 수십 년 만에 세계 최대 제국을 건설했습니다.

몽고족이 이처럼 위대한 업적을 남길 수 있었던 결정적인 이유는 무엇일까요? 바로 '혁신과 속도 그리고 네트워크'에 있습니다. 몽고군은 당시 전쟁의 상식을 완전히 뒤집었습니다. 보급로 없이 수천 km를 단숨에 전진하는 기동성, 일단 목표가 정해지면 주저하지 않고 돌진하는 신속한 의사결정이 있었기에 그들을 만나는 적들은 벌벌 떨 수밖에 없었습니다. 적들은 그들의 불가능한 속도를 이해할 수 없었고 패전국에 대해 이상하리만큼 관대한 처리 또는 짐승이라 할 수밖에 없는 폭력에 지레 겁을 먹고 주저앉았습니다.

몽고군은 빠르게 전진하면서 발생하는 문제를 최대한 신속하게 해결할 수 있도록 역사상 최대 규모의 네트워크를 만들었습니다. 동유럽이나 중동의 최전선에서 벌어지는 일을 몽고 초원에 있는 지도자가 얼마 되지 않아 파악할 수 있을 만큼 빠르고 촘촘한 연결망을 짰습니다. 필요하다면 몽고 초원이나 중국에 있는 병력을 당시 상식으론 이해할 수 없는 속도로 빠르게 유라시아나 중동 쪽에 이동 배치하기도 했습니다.

바로 이것 때문에 칭기즈칸은 '800년 전에 21세기를 살다 간 위대한 영웅'으로 칭송받고 있습니다. '혁신과 속도 그리고 네트워크'는 스마트 시대에서 살아남거나 성공하기 위한 최고 덕목이 되고 있기 때문입니다. 이런 예를 우리는 주변에서 쉽게 찾아볼 수 있습니다.

한때 전 세계 휴대폰 시장의 절대 강자였던 노키아는 스마트폰의 등장에 제때 대응하지 못해 군소업체로 전락하고 말았습니다. 스마트폰이 이처럼 빠르게 전 세계 휴대폰 시장의 대세로 자리매김하는 것을 미처 내다보지 못한 탓입니다.

반면 애플은 뛰어난 예측능력과 과감하고 신속한 의사결정과 투자, 상식을 깬 창조적인 제품 콘셉트와 기술로 스마트 시장의 최강자로 우뚝 섰습니다. 특히 애플은 애플의 제품군을 '애플 생태계'로 묶으며 다른 어떤 경쟁자도 넘보지 못할, 경쟁력 높은 네트워크를 구축했습니다. 아이팟이 나왔을 때만 해도 경쟁자들은 "그럭저럭 경쟁력 갖춘, 잘 만든 IT 음악 기기로구나" 하고 웃을 수 있었습니다. 아이맥이 등장했을 때도 "디자인은 잘 빠졌네. 가볍고. 하지만 뭐, 원 오브 뎀one of them일 뿐"이라며 애써 낮잡아 보았습니다.

경쟁자들은 심지어 아이폰이 나왔을 때도 "설마 휴대폰 시장의 대세가 되겠어" 하며 스스로 위로했습니다. 아이패드가 나왔을 때는 "가벼운 첨단 성능의 노트북이 쏟아지는데 굳이 저것을 살 필요가 있을까"라며 마찬가지 반응을 보였습니다. 하지만 그것은 어디까지나 지금까지의 틀에 박혀 생각하는 굼벵이들의 착각이었습니다. 애플은 아이폰의 출시와 더불어 스마트 애플리케이션 시장인 '앱스토어'를 열었습니다. 전 세계 IT 이용자들은 열광했습니다. 아이팟,

아이맥에 익숙한 기존 애플의 팬들뿐만 아니라 새로운 애플 추종자들이 전 세계에 들불처럼 번지기 시작했습니다. 추종자들은 아이팟, 아이맥을 시작으로 아이패드, 아이폰으로 이어지는 '애플 생태계'의 놀라운 세계에 푹 빠져들었습니다.

스마트 시대는 곧 모바일 시대를 뜻합니다. 모바일 시대와 함께 무선 세상이 활짝 열렸습니다. IT 기기 사용자들은 선에서 자유로워지길 원하고 있었습니다. 비록 의식적이고 공개적으로 드러나지 않았을 뿐 무선을 향한 잠재적인 욕구는 곧 닥칠 새로운 세상을 여는 열쇠였습니다. 족쇄처럼 선에 묶여 있는 것은 정말 답답했습니다. 인터넷에 접속하기 위해서는 하고 있던 운동이나 게임을 중단하고 선과 그 선에 연결된 컴퓨터를 직접 발로 걸어서 찾아 나서야 했습니다. 이것은 인터넷 세상을 내가 맘껏 요리하고 있다는 만족감을 주지 못했습니다.

모바일 시대는 이런 답답함을 한꺼번에 날려버렸습니다. 언제, 어디서나 원하는 그 순간 인터넷에 접속하게 됐습니다. 쇼핑, 여행, 공부 등에 필요한 정보를 손 안에서 즉시 찾아보며 처리할 수 있게 됐습니다. 그 중심에 스마트폰이 있습니다. 디지털 컨버전스digital convergence(디지털 융합)의 중심에 스마트폰이 놓인 것입니다. '손 안의 휴대폰'을 통해 원하는 각종 정보를 마음껏 갖다 쓰고 또 올리는 것이 가능해졌습니다. '손 안의 휴대폰'은 곧 '나만의 마술 램프'이자 전 세계 네트워크와 나를 연결하는 마술 열쇠가 됐습니다.

모바일로 대표되는 스마트 시대의 가장 큰 특징은 정보의 무한 증식입니다. 유선 인터넷 세상에서도 물론 정보가 그 이전에 비해 엄청나게 확장되긴 했습니다. 하지만 그것은 어디까지나 선에 묶여 있었습니다. 선에서 해방되자 무선 인터넷 세상, 즉 스마트 인터넷 세상은 유선 인터넷 시장을 빠르게 압도했습니다.

트위터, 페이스북, 유튜브 등 글로벌 SNS는 정보의 무한 팽창과 확장과 소통을 가능케 했습니다. 지구 반대편에서 올린 내용이 모바일을 통해 전 세계 곳곳으로 퍼져 나갑니다. 이것을 통제하는 수단은 아직 없습니다. 적어도 지금까진 그렇습니다.

세계 최강국 미국을 비롯해 각국의 굵직한 비리를 과감히 폭로한 위키리크스는 글로벌 SNS를 든든한 지원군으로 거느렸기에 힘을 얻었습니다. 유선의 세상이었다면 꿈도 못 꿀 도전이었습니다. 위키리크스가 폭로한 각국 정부와 기업의 비리와 불법행위는 모바일을 타고 전 세계로 확산됐습니다. 몇몇 소수나 집단만 알고 있었다면, 또는 정보 흐름이 특정 지역에 갇혀 있었다면 분명 곤경에 놓인 미국과 각국은 위키리크스를 쥐도 새도 모르게 깨버렸을 것입니다.

위키리크스는 그들의 정보를 완전개방했습니다. 왜 그랬을까요? 미국의 자존심을 일순간에 망가뜨릴 비밀 정보들을 이렇다 할 대가 없이 공개한 이유가 무엇일까요? 16세에 미국 CIA를 해킹한 천재 해커 줄리안 어샌지(위키리크스의 설립자이자 최고책임자 및 대변인)는 알았던 것입니다. 그들의 정보를 몇몇 소수그룹에 국한해 제공할 경우 그들은 스스로를 엄청난 위험에 내몰았을 것입니다. 자신을 공격해 달라고 사정하는 것이나 마찬가지였을 것입니다. 하지만 반대로 전 세계에 정보를 확산시키면 최고 비밀 등급의 정보들은 순간 알 만한 사람은 다 아는 뻔한 사실이 돼버립니다. 위키리크스에 대한 통제와 처벌 자체가 큰 의미가 없어져 버립니다.

위키리크스의 도전은 스마트 시대였기에 가능했습니다. 이것은 무엇을 뜻하는 것일까요? 스마트 시대와 더불어 이전과는 완전히 다른 '정말 센 놈'이 등장했음을 알려 주고 있습니다. 바로 지구를 하나로 엮는 모바일 스마트 혁명이 그것입니다. 누구나 글로벌 SNS를 통해 원하는 정보를 마음껏 올릴 수 있습니다. 일단 정보가 스마트 세계에 들어오면 그 힘은 상상하기 힘들 정도로 막강해집니다. 국경을 넘고 국가·정치·경제 권력의 통제권을 무력화시킵니다. 위키리크스의 폭로에 미국, 중국 등 초강대국들조차 속수무책으로 당했다는 것은 스마트 시대에 등장한 이 '센 놈'이 정말 대단해질 것임을 말해 줍니다.

앞에서 스마트 권력을 스마트 기기와 서비스, 그리고 평등의지가 결합해 기존 권력에 저항하는 힘으로 정의내렸습니다. 그럼 이제 스마트 권력이 왜 노마드 권력인지 살펴봅시다.

눈치 빠른 독자들은 이미 알아차렸겠지만, 스마트 권력은 시간과 공간의 제약을 거의 받지 않습니다. 몽고군이 당시로서는 도저히 이해할 수 없는 속도로 거침없이 내달린 것과 마찬가지입니다. 몽고가 자신들의 영역을 하나의 네트워크로 묶어 효율적이고 신속하게 운영했듯 글로벌 SNS는 지구를 말 그대로 '지구촌'으로 만들었습니다. 스마트 권력의 스피드는 바로 모바일에서 나옵니다. '지금 이 순간' 내 손에 잡은 스마트폰으로 나는 세상과 연결됩니다. 몽고 기병들이 말과 식량을 자급자족하며 초원을 누비듯 나는 스마트폰으로 세상을 맘껏 달립니다.

스마트 권력의 스피드와 증식 능력은 그 자체로 엄청난 잠재력과 폭발력을 갖고 있습니다. 국가·정치·경제권력에 종속되지 않는 확장성을 지닙니다. 스마트 권력의 자유롭고 제한되지 않는 성격을 우리는 중동과 북아프리카에서 일어난 일련의 '재스민 혁명'에서 확인할 수 있습니다. 재스민 혁명은 2010~2011년 튀니지에서 일어난 민중 봉기에서 시작해 리비아, 이집트, 시리아 등 중동과 북아프리카로 번진 민중 혁명을 뜻합니다. 그 결과 튀니지에서 24년간 지속된 독재정권이 붕괴됐고 30년 넘도록 이집트를 철권통치했던 호스니 무바라크 정권도 무너졌습니다. 무려 40년 넘게 리비아의 절대권력으로 군림했던 무아마르 카다피 정권도 힘없이 쓰러졌습니다.

중동·북아프리카의 상황은 다른 나라와 좀 달랐습니다. 유럽, 미국 그리고 한국을 비롯한 아시아의 국가·정치권력은 시대 흐름에 맞춰 대응전략을 새롭게 짤 수밖에 없었고 평등의지에 조금씩 양보하는 전략을 펼쳐 왔습니다. 하지만 중동·북아프리카 권력은 그럴 필요를 느끼지 않았습니다. 이들 이슬람 국가들은 단일 종교인 이슬람교를 향한 민중들의 절대적인 믿음을 통제에 이용했습니다. 오래전 중세 봉건 시대에나 가능했던 일이 중동·북아프리카 국가들에서는 현대에도 가능했던 것입니다.

재스민 혁명을 자초한 국가의 민중들은 오랫동안 참을 수밖에 없었습니다. 불만을 갖고 있었지만 그 불만을 응집해 하나의 에너지로 만들어 분출시키지 못했습니다. 국가·정치권력들이 특권과 재산은 물론 권력 비리와 실체와 관계된 각종 정보를 철저히 독점했기 때문입니다. 무엇인가 잘못된 것을 어렴풋이 알고 있었고 때로 확연히 깨닫긴 했지만 그것은 어디까지나 소수였고 혁명으로 이어질 수 없었습니다.

하지만 재스민 혁명이 일어난 국가들의 민중은 새로운 정보 소통 수단을 갖게 됐습니다. 바로 스마트 권력입니다. 재스민 혁명국가의 국민들은 유튜브, 트위터, 페이스북, 위키리크스 등을 통해 자신들이 믿고 따르던 독재정권의 더러운 실체를 확실하게 깨달았고 그 비리들은 무선을 타고 빠르게 퍼져 나갔습니다. 이제 남은 것은 하나였습니다. 혁명이었습니다.

여기서 우리는 아주 중요한 개념을 확인할 필요가 있습니다. 권력이 힘을 갖기 위해서는 정보를 독점해야 합니다. 정권의 실체와 비리에 관계된 정보는 철저히 숨기고 가두어야 합니다. 대신 백성과 민중을 착각과 환상 또는 자기만족에 빠지도록 유도하는 각종 유도 정보를 널리 퍼뜨려야 합니다. 중세 봉건 시대의 일신교, 현대 자본주의의 대의 민주주의 사상 등은 아주 성공적인 유도 정보 시스템입니다. 그렇다고 일신교, 대의 민주주의 사상이 나쁘다고 주장하는 것은 아닙니다. 그것들은 분명 훌륭한 시대의 산물입니다. 당시 역사·정치·경제·사회적 한계 속에서 선택된 사회 시스템입니다. 여기에선 일신교, 대의 민주주의 사상이 권력과 기층 민중 사이에 개입해 어떤 역할을 하는지에 국한해 분석하고 있습니다. 좀 더 정교한 현미경을 특정 부위에 갖다 댄 셈입니다.

스마트 권력은 바로 이 점을 정확히 분쇄합니다. 스마트 시대에 정보 독점은 낡은 시도일 뿐입니다. 재스민 혁명국가의 권력자와 지도자들은 철저히 언론을 통제했습니다. 이들 국가의 언론은 철저히 길들여졌고 권력에 도전하거나 위협을 줄 내용들을 알아서 걸러냈습니다. 결국 정권 비리에 대한 이야기들은 '~카더라' 통신에 머물 수밖에 없었습니다. 하지만 스마트 권력의 무한팽창을 막을 순 없었습니다. 일단 트위터, 페이스북, 유튜브에 올라온 정보는 빠르게 전 세계로 퍼져 나갔고 재스민 혁명국가들의 낡고 부패한 권력을 압박했습니다.

우리는 스마트 권력의 무한증식과 확장성을 살펴봤습니다. 스마트 권력의 잠재력과 폭발력이 상상 이상으로 커질 것이라는 것도 짐작할 수 있습니다. 그렇다면 스마트 권력은 과연 현 국가·정치·경제 권력에 어떤 변화를 줄 수 있을까요? 대의 민주주의 체제에서 스마트 권력의 등장은 어떤 의미를 가질까요?

우리는 늘 국회 무용론을 접하고 있습니다. 국회는 정치권력의 상징입니다. 국민의 입장과 요구를 대변하라고 뽑은 국회의원들이 모여 법과 제도를 만들거나 승인하는 곳입니다. 우리는 국회를 당연히 있어야 할, 반드시 필요한 제도라고 생각합니다. 그래서 국회 폐지론이 쉽게 나오지 않는 것입니다.

하지만 국회가 제 역할을 하지 못하고 있고 앞으로도 그럴 것이라면 어떻게 해야 할까요? 바꿔야죠. 그런데 조금 바꾼다고 바뀔 것 같지 않으면 어떻게 해야 할까요? 뿌리부터 바꿔야겠죠. 만약 뿌리부터 바꾼다 해도 국회가 제 역할을 하지 못할 것 같으면 어떻게 해야 할까요? 적어도 지금 형태의 국회를 없애고 새로운 기구를 만들어야겠죠. 그것이 상식입니다. 국회는 영구불변의 제도가 아닙니다. 없애야 한다면 없앨 수도 있는 기구입니다. 이것이 우리의 출발점이 돼야 합니다.

　우리 국회에 붙어 있는 별명은 참 화려합니다. 폭력국회, 식물국회, 무능국회…… 국회의원 면면을 보면 참 다채롭습니다. 어느 의원은 괴력으로 유명합니다. 본회의장 앞에 야당이 바리케이드를 치자 결코 젊다 할 수 없는 이 의원은 몸을 던져 야당 보좌관 3~5명을 한꺼번에 쓰러뜨리며 길을 뚫었습니다. 그는 심지어 본회의장 정문에 묶여 있는 쇠사슬을 끊으려 했습니다. 스스로 "막아선 사람들을 향해 돌진하는 것은 너무 싱거웠는데, 쇠사슬을 끊으려 할 때는 살짝 땀이 나긴 했다"고 했습니다. 여당은 "몸을 던져 충성심을 보였다"며 이 의원을 두고두고 칭찬했습니다. 심지어 의원총회에서조차 노고를 치하했다죠.

　이 얼마나 웃긴 일입니까? 제가 국회반장으로 국회를 2년 넘게 출입하면서 본 의원들의 행태는 정말 가관입니다. 괴력을 뽐내는 것은 차라리 순진한 편입니다. 의원들 중에는 역사의식이라곤 눈 씻고 봐도 찾아볼 수 없는 좀팽이들이 즐비합니다. 그런 소인배들이 관심 갖는 것은 딱 한 가지입니다. 다음 총선에서도 공천을 받고 의원직을 유지하는 것입니다. 소인배들 입장에서 '배지(국회의원들에게는 의원 배지가 지급됩니다. 대부분의 의원들은 공식석상에서 배지를 자랑스럽게 왼쪽에 달고 다닙니다. 그래서 의원들을 좀 낮잡아 불러 '배지'라고 합니다)'가 된다는 것은 가문의 영광입니다. 별 능력도 없으면서 당에 잘 보이고 연줄 잘 타고 말도 안 되는 명령을 충실히 잘 따르면 공천을 받게 되죠. 갖고 있는 게 놀라운 괴력뿐이라고 해도 실망할 필요 없습니다. 필요할 때 눈 딱 감고 부모님으로부터 물려받은 힘을 맘껏 발휘하면 됩니다.

물론 제대로 된 의원들도 간혹 있습니다. 역사의식을 갖고 있고 자신이 왜 국회의원을 하고 있는지, 무엇을 해야 하는지 고민하며 밤을 새우는 의원들도 드물지만 있긴 합니다. 하지만 그들은 어디까지나 소수입니다. 왜 그들이 소수일까요? 역사의식을 갖고 소신 있게 행동하는 게 어려운 일이기 때문입니다.

국회의원은 4년마다 수명을 연장해야 하는, 벤처기업 사장이나 마찬가지 처지입니다. 일단 의원이 되면 대략 3년 정도는 놀고먹어도 됩니다. 의원직에 부여된 온갖 특혜를 맘껏 누려도 됩니다. 어딜 가나 어깨에 힘줄 수 있고 시선과 관심을 모을 수 있으니 정말 좋은 직업이죠. 하지만 총선이 가까워오면 의원들은 바빠집니다. 일단 중앙당으로부터 공천을 받아야 합니다. 자신의 지역구가 아주 안정적이라면 문제없겠지만 접전 지역이라면 공천을 받았다고 안심할 수 없습니다. 열심히 뛰어야죠. 승리를 장담할 수 없으니까요.

그런데 접전지역은 그다지 많지 않습니다. 다 알다시피 호남, 영남은 특정 정당의 독무대입니다. 아주 오랫동안 지역 맹주로 뿌리내리고 있는 당으로부터 공천을 받으면 선거에서 이기는 일은 누워서 떡 먹기입니다(하지만 요즘은 약간 얘기가 달라졌습니다. 국민들의 정치의식이 높아지면서 지역 맹주당으로부터 공천을 받은 후보가 무소속으로 출마한 후보에게 나가떨어지는 일이 나타나고 있습니다). 그래서 배지들은 당에 충성하는 척합니다. 공천을 받아야 하니까요. 그래서 중앙당을 휘어잡고 있는 소인배들과 같은 배를 타는 것입니다. 특히 능력이 없는 소인배들은 말할 필요도 없겠죠. 문제는 이런 소인배들이 승승장구하면서 다시 나중에 중앙당의 고위층이 된다는 것입니다. 역사의식과 소명의식과 봉사정신을 갖고 있는 중인배, 또는 아주 드물게 나타나는 대인배들은 이 과정에서 쉽게 탈락되곤 합니다(하지만 역시 요즘은 약간 얘기가 달라졌습니다. 중인배, 대인배들이 소신을 굽히지 않고 계속 배지를 달 수 있는 길이 열리고 있는 건데요. 중인배, 대인배들은 스마트 시대에 아주 훌륭한 자기홍보 수단을 갖게 됩니다. 큰돈 들이지 않고, 아니 거의 쓰지 않고도 국민, 유권자들과 직접 소통할 수 있는 공간이 점점 넓어지고 있는 상황은 돈이 별로 없기 마련인 중인배, 대인배에게 유리합니다. 스마트 시대에는 정치권력이 점점 더 유권자들의 눈치를 볼 수밖에 없는데 중인배, 대인배가 당 입장에서 국민과 접촉하는 주된 채널이 되고 있어 그들의 몸값이 올라가고 있습니다).

의원들이 이 모양인데 의원들이 모인 국회가 제대로 운영될 리 있겠습니까? 폭력국회, 무능국회, 식물국회라는 불명예스런 별명을 얻게 된 것은 다 이유가 있어서입니다. 그럼 어떻게 해야 할까요? 국회를 확 없애야 될까요? 아닙니다. 사실 이유가 어떻든 궁극적인 책임은 유권자들에게 있습니다. 그런 말도 안 되는 좀팽이들을 계속 뽑아 줬기 때문에 소인배들이 활개치고 있는 것입니다. 소인배들이 당에 무조건 충성하면서 유권자들을 내심 우습게 보는 것은 다 이유가 있습니다.

유권자들이 4년마다 치러지는 총선에서 배지들을 제대로 뽑아 왔다면 국회가 소인배들로 넘쳐나지 않았을 것입니다. 국회가 지금처럼 난장판이 된 데는 유권자, 국민들의 책임이 가장 큽니다. 그럼 왜 우리는 이런 좀팽이들을 계속 뽑아 줬을까요? 이 질문은 매우 중요합니다. 배지들을, 국회를, 정치권력을 원망하기 전에 우리부터 반성해야 합니다. 선거에서 소인배들을 뽑아 주지 않았다면 그들이 국회에 들어가 저렇듯 제멋대로 놀지 못했을 것입니다.

우리는 우리의 정치의식이 매우 낮았고 그래서 제대로 투표하지 못해 왔다는 것을 인정해야 합니다. 저렇듯 수준 낮은 배지들을 수십 년간 군말없이 뽑아 줬던 것입니다. 왜 그럴까요? 결론부터 말하자면 우리는 제대로 된 정치의식을 갖기 위한 훈련을 받지 못했습니다. 아니, 정확히 말하자면 그런 훈련을 위한 기회를 박탈당했습니다. 우리들은 권리 행사보다는 의무 준수부터 배웠습니다. 초등학교에서부터 그렇죠. 우리 대부분은 우리가 어떤 힘을 갖고 있는지, 어떤 힘을 가져야 하는지 스스로 묻지 않습니다. 대신 "이것은 하지 마라, 저것은 꼭 해라"라는 명령에 익숙합니다.

왜 우리의 정치의식이 이렇게 낮을까요? 한마디로 경험이 부족하기 때문입니다. 우리의 힘과 권리를 스스로 깨닫고 그것을 제대로 발휘하기 위한 시간과 여건을 갖지 못했기 때문입니다. 정확히 말하자면 그런 시간과 여건을 빼앗겼기 때문입니다.

한국은 세계에서도 유례를 찾아보기 힘든 압축성장을 한 나라입니다. 광복 이후 반강제적으로 자본주의 사회에 편입돼 어느 나라에서도 볼 수 없었던 경제기적을 일궜습니다. 물론 그 과정은 결코 평탄치 않았습니다. 이승만 독재정권에 이어 박정희 독재정권을 겪어야 했죠. 전두환·노태우 정권도 만만치 않았습니다. 하지만 우여곡절에도 불구하고 한국 경제는 비약적인 발전을 하게 됩니다. 이건 분명 긍정적인 것입니다.

하지만 제아무리 좋은 것이라도 이면에는 반드시 나쁜 것이 숨어 있기 마련인데, 하물며 독재정권은 어떻겠습니까? 압축 고도성장은 엄청난 고통과 슬픔과 희생을 발판으로 삼아 가능했습니다. 주로 빈민층과 서민층이 피해를 감내했죠. 압축 고도성장의 주역은 누구였을까요? 박정희 정권이었나요? 대기업이었나요? 물론 그들이 표면상으로는 고도성장의 대표주자인 것은 맞습니다. 하지만 그건 어디까지나 표면상 그렇다는 얘깁니다.

고도성장의 주역은 바로 노동자, 농민을 중심으로 한 국민들이었습니다. 정권이, 대기업이 "자, 이제부터 고도성장하자" 하고 말하면 고도성장이 가능해지는 겁니까? 아닙니다. 고도성장을 하기 위해서는 자본과 기술력 그리고 올바른 전략과 정책이 필요했지만 무엇보다 그것을 뒷받침하는 사람들이 있어야 했습니다. 고도성장의 핵심동력은 바로 사람들, 즉 노동자와 국민들이었습니다. 낮은 임금에도 하루 종일 뼈 빠지게 일한 노동자와 농민과 어민이 있어 가능했던 것입니다. 찢어지게 가난하지만 내 자식만큼은 고생시키지 말아야 한다며 논과 밭과 소를 팔아 자식들을 대학교에 보냈던 부모들이 있었기 때문에 가능했습니다. 농촌의 자식들이, 달동네 자식들이 기업에 들어가 고도성장의 일꾼이 됐던 것입니다. 여기에서 한마디 더 해야겠군요. 어떤 기업이 잘 나가는 것은 단지 그 기업의 경영진이 잘나서가 아닙니다. 재벌의 승승장구가 재벌 총수 일가의 똑똑함 때문만은 아니라는 것과 마찬가집니다. 어느 기업이건 국가와 사회와 국민에게 빚을 지게 됩니다. 고도성장기에 한국 재벌들은 엄청난 특혜를 받았습니다. 지금도 이슈가 되는 문제인데, 법인세와 소득세 등 내야 할 세금을 정말 엄청나게 감면받았죠. 대기업에서 일하는 일꾼들은 누구입니까? 사회와 부모가 길러 준 자식들이죠. 세계 최고 수준의 교육열이 있었기에 한국의 대기업과 재벌들은 손쉽게 유능한 직원들을 채용할 수 있었던 것입니다. 그런데 한국의 대기업과 재벌은 이런 빚을 빚이라 생각하지 않습니다. 내야 할 것을 감면받았고 알량한 월급에 비해 엄청난 수익을 내는 인력들을 공급받았는데도 그저 자신들이 잘나서 성장한 것처럼 생각합니다. 정말 대단한 착각이죠.

좀 옆길로 샌 것 같지만 장황하게 설명할 수밖에 없었습니다. 고도성장은, 좀 어려운 말이지만 '소외'를 통해 가능했습니다. 소외는 낯설게 하기, 숨기기, 멀리하기 등을 뜻합니다. 고도성장기에 국가·정치·경제권력은 엄청난 부를 축적합니다. 하지만 고도성장의 주역인 일꾼들, 국민들은 어떻습니까? 몇몇 개천에서 용 나듯 성공한 사람도 있지만 대부분 국민들은 쥐꼬리만 한 보상에 만족해야 했습니다. 왜 그랬을까요? 바로 소외를 통해서 국민들은 고도성장의 열매를 누릴 권리를 빼앗겼습니다. 재벌 총수 일가가 똑똑해서 그 재벌이 승승장구한다고 주장하는 것도 소외를 위한 장치 중 하나입니다. 보수언론은 지금도 이런 논리를 즐겨 씁니다. 재벌 총수가 감옥에 가면 해당 대기업의 경영이 엉망이 되고 결국 한국의 대표기업이 망할 것이라고 협박합니다. 그렇다면 역으로 총수 일가에 의존해야만 생존할 수 있는 대기업이 정말 제대로 된 경쟁력을 갖춘 기업일까요? 물론 경영전략과 비전의 설정, 과감한 투자와 시장 진출, 계열사 간 시너지 효과 극대화 등은 아주 중요한 일입니다. 하지만 총수 일가만 이런 일을 할 수 있나요? 주먹구구식 경영, 몇몇 특정인에 매달린 경영을 우리는 글로벌 경쟁력을 갖춘 경영이라고 할 수 있나요? 아닙니다.

고도성장기에 혜택을 누린 세력은 누구입니까? 바로 국가·정치·경제권력입니다. 고도성장의 주역들은 성장으로 창출된 몫을 배분하는 과정에서 소외됐던 것입니다. 주역들을 소외시키기 위해선 무엇이 필요합니까? 소외당하고 있는 것을 아예 모르도록 하거나 아니면 소외당하는 것을 당연한 것으로 여기게끔 유도하는 것입니다. 이것을 권력의 자기합리화 과정이라 할 수도 있겠습니다.

국가·정치·경제권력은 이 합리화를 통해 성장의 열매를 맘껏 가져갈 수 있었습니다. 당연히 그들의 유착관계는 더욱 깊어졌습니다. 그들은 '사람은 능력에 따라 성공한다'는 논리를 앞세웠습니다. 빈민층이 빈민층에 머물고 있는 이유는 능력을 가꾸지 않고 방만하게 살았기 때문이라는 논리를 강조했습니다. 마치 모든 사람이 열심히 일하고 열심히 공부하면 성공하는 데 아무 장애가 없는 것처럼 여기면서 말입니다. "누가 뭐라고 했냐, 너도 열심히 공부하고 일했으면 나처럼 됐을 것 아니냐?"는 논리입니다. 하지만 과연 그렇습니까? 우리는 이제 알고 있습니다. 빈민층의 자식이 왜 다시 빈민층이 될 수밖에 없는지 말입니다. 중산층 출신이 성공한 CEO가 되는 경우와 재벌가 출신이 CEO가 되는 확률을 비교하면 단박에 알 일입니다. 우리 사회에서 기회는 평등하게 주어지지 않습니다. 가난을 대물림할 수밖에 없는 게 현실입니다. 고도성장기에 소외구조가 고착됐고 21세기 한국 사회의 발전을 가로막는 가장 큰 걸림돌이 되고 있는 것입니다. 불평등의 고착, 사회 양극화의 심화 때문에 우리 사회의 성장동력이 크게 약해지고 있습니다.

정치에서도 소외를 위한 노력은 끊임없이, 교묘하게 진행됐습니다. 박정희 정권 시절에는 레드 콤플렉스, 즉 반공 이데올로기를 국민들의 머리와 심장에 심어 독재정권의 합리화 도구로 활용했습니다. 영남과 호남의 갈등으로 대표되는 지역갈등 구조 역시 국민들의 각성을 가로막는 강력한 도구였습니다. 영남에서 호남 출신의 의원이 과연 몇 명이나 나왔습니까? 그 반대는 또 어떻습니까? 충청도, 강원도도 마찬가집니다. 영남과 호남이 서로 충돌하며 으르렁 거릴 때 누가 혜택을 봤습니까? 누가 그것을 이용했습니까? 바로 권력입니다.

부끄럽지만 우리는 지금도 "뭐니 뭐니 해도 지역 사람이 최고야. 저쪽 친구를 어떻게 믿어. 우리 사정이야 우리 지역 출신이 제일 잘 알지" 하며 선거 때마다 묻지도 따지지도 않고 지역 맹주 정당의 후 보자를 뽑아 주고 있습니다(스마트 시대에 접어들며 이제 이런 현상이 아주 천천히 그러나 확실하게 바뀌고 있긴 합니다. "같은 출신이라고 뽑아 줬더니 별 볼일 없더라"라는 의식이 확산되고 있습니다. 하지만 아직 그 수준은 미미합니다. 2012년 4월 총선을 보면 스마트 권력의 확산이 지방에서 더디게 진행되며 오히려 과거로 퇴 행하는 결과가 나오기도 했습니다). 왜 그럴까요? 왜 영남 사람들은 호남 출신의 후보에 대해 미심쩍은 시선부터 던지고 보는 것일까요? 권력 이 아주 교묘하게 지역대립 감정을 심어 왔고 그것이 반공 이데올로 기와 결합하며 상승효과를 발휘했기 때문입니다. 노벨평화상을 받 은 김대중 전 대통령은 정치 인생 내내 '빨갱이'라는 오명을 들어야 했습니다. 지금도 '종북주의자'라며 상대 후보를 비방하는 경우를 많이 볼 수 있습니다. 왜 그럴까요? 먹히기 때문입니다. 여전히 지 역감정과 반공 이데올로기는 우리 유권자, 국민들 상당수의 머리와 심장 속에 뿌리 박혀 있고 그래서 쉽게 없어지지 않고 있습니다.

우리나라 정당들은 지역 맹주들입니다. 한국 정치사에서 아직까 지 제대로 된 전국정당은 단 한 번도 등장한 적이 없습니다. 새누리당은 영남을 근거로 한 맹주이고 통합민주당은 호남을 근거로 한 맹주입니다. 그 맹주 밑에서 국회의원을 하는 사람들은 어떻게 해야 할까요? 지역감정을 부추기고 소외와 갈등구조를 고착시키기 위해 앞장서야 합니다. 그러는 과정에서 자연스럽게 국가·경제권력과 손을 잡고 일하게 됩니다. 왜냐고요? 돈이 생기기 때문입니다. 다음 선거에서 공천을 받을 수 있기 때문입니다.

지금까지 살펴본 게 현재 우리의 국회 수준입니다. 한국 대의·간접 민주주의의 현주소이기도 합니다. 한국의 대의 민주주의가 잘 작동하고 있지 않다는 것을 알 수 있습니다. 대의 민주주의는 국민의 의견을 법과 제도, 권력행사에 담는 절차를 갖고 있다고 합니다. 이것이 제대로 실현되려면 국민, 유권자의 요구와 이해관계를 잘 이해하고 그것을 국회에서 대변할 선량選良이 많아야 합니다. 하지만 신문을 펼쳐 들거나 인터넷에 접속하거나 스마트폰으로 정치 관련 뉴스를 읽어 보면 그런 선량을 찾기 어렵다는 것을 알 수 있습니다. 간접 민주주의가 갖는 문제점이 바로 이런 것입니다. 기득권을 갖고 있는 현재 권력자들에 의해 민주주의 정신이 훼손될 가능성이 있습니다. 게다가 앞에서 살펴봤듯 광복 이후 압축 고도성장 과정에서 강제로 이식된 미국식 대의 민주주의를 제대로 활용하지 못한 우리의 유권자들은 더욱 그러한 위험에 놓여 있습니다.

이 때문에 대의 민주주의의 대안으로 직접 민주주의 방식을 도입해 시행해야 한다는 요구가 점점 늘고 있습니다. 하지만 기존 권력자들이 주장하듯 직접 민주주의를 시행하려면 여러 어려움이 뒤따릅니다. 대의 민주주의를 선호하는 세력이 주장하는 핵심은 비용 문제입니다. 매년 경제·사회·문화·복지·외교 등과 관련해 처리해야 할 법안은 정말 많습니다. 이것을 일일이 국민투표로 처리할 경우 그 비용은 천문학적으로 많아질 수밖에 없습니다. 국민들이 그때마다 투표를 하기 위해 투표장을 찾는 것도 불가능한 일입니다.

전문성도 문제가 됩니다. 국민 생활과 경제가 복잡해지면서 관련 법안들의 내용도 매우 복잡하고 어려워지고 있습니다. 일반 사람이 쉽게 이해하기 어려운 내용을 담은 전문적인 법안들이 갈수록 늘고 있습니다. 이런 것을 일일이 국민들이 이해하고 투표할 순 없는 노릇입니다.

스마트 시대는 이런 점에서 새로운 가능성을 열어 보입니다. 이제 전 국민이 스마트 시대에 적응해 가고 있습니다. 스마트폰 보급률은 현재 80% 수준에 육박하고 있습니다. 국민 열 명 중 일곱 명 이상이 스마트폰을 사용하고 있다는 얘깁니다. 결국에는 전 국민이 스마트폰을 사용하는 때가 올 것입니다. 그렇다면 스마트폰을 이용한 투표를 생각해볼 수 있습니다. 일일이 투표장을 찾을 필요가 없어지는 것입니다. 스마트폰으로 주요 법안이나 선거와 관련해 다양한 방법으로 내용을 사전 공지하고(관련 애플리케이션을 만들어서 보다 알기 쉽게 설명하면 될 것입니다) 단 하루가 아니라 일주일이건 열흘이건 기간 내에 투표하도록 하면 어떨까요? 평균 30~50%대에 머물고 있는 투표율이 아주 많이 높아질 것입니다. 투표율이 높아진다는 것은 곧 보다 많은 국민의 의견이 반영된다는 것을 뜻합니다. 이때 모든 법안을 일일이 투표로 처리할 필요는 없습니다. 일정한 기준을 통해 국민투표로 결정해야 할 법안이나 내용을 추리면 될 일입니다.

시작이 어렵지 일단 해보면 정말 많은 변화를 가져오게 될 것입니다. 공인인증서 등을 통해 본인임을 확인해 스마트폰에 투표 자격을 부여합니다. 그 과정을 선거관리위원회에서 공정하게 감시하고 처벌하면 되겠죠. 스마트폰 투표는 시간과 공간의 제약을 사실상 없애버릴 것입니다. 스마트폰과 더불어 직접 민주주의의 새로운 형태가 가능해질 것이란 예측은 먼 꿈나라 얘기가 아니라 가까운 현실이 될 것입니다.

먼저 현재 부분적으로 시행되고 있는 직접 민주주의 형태에서부터 스마트폰 투표를 적용해보는 것도 한 방법일 것입니다. 국민투표(중대한 정치적 사안이나 헌법 개정을 비롯한 법률의 변화를 의회가 아닌 국민이 직접 표결하고 결정하는 투표)와 국민소환(공직자를 임기 만료 전에 부적격하다고 판단해 투표로 해임하는 제도) 등이 그것입니다. 시간과 공간 제약을 거의 받지 않는 스마트폰 투표제가 실시된다면 분명 권력 시스템에 엄청난 변화가 일어날 것입니다. 스마트폰 투표를 통해 스마트 권력의 행사가 본격화할 것이기 때문입니다.

평등의지와 찰떡궁합인 스마트 권력이 스마트폰 투표라는 표출 형태까지 갖게 된다면 그 폭발력은 그야말로 지각변동 수준이 될 것입니다. 이제 우리는 스마트 권력과 평등의지의 결합을 살펴볼 차례입니다. 왜 두 힘이 결합하는지, 두 힘이 결합하면 어떤 변화를 가져올 것인지 알아봅시다. 이것은 스마트 권력이 인류 역사상 완전히 새로운 형태의 권력으로 떠오를 수 있는지, 그렇다면 그 이유가 무엇인지 탐색하는 작업입니다.

권력은 정보를 독점해야 합니다. 권력을 형성하고 유지하며 행사하는 과정의 본질을 되도록 숨겨야 하는 것입니다. 특히 권력의 비리가 드러나는 것을 한사코 막아야 합니다. 정보는 힘입니다. 국민들이 권력집단과 권력자들에 대해 더 많은 정보를 얻게 될수록 평등의지가 커지게 됩니다.

권력의 정보 독점과 통제는 역대 한국 정권들의 공통된 과제였습니다. 과거 박정희 군사독재 시절에 국가·정치권력은 각종 정보를 철저하게 통제했습니다. 박 정권 시절 중앙정보부에서 파견된 요원이 주요 신문사 편집국장 옆에 앉아 나가도 될 기사와 잘라야 할 기사를 일일이 결정하기도 했습니다. 당시 민주화 언론인에 대한 탄압은 가히 살인적이었습니다. 실제 살해당했다는 의혹이 제기된 언론인도 있습니다.

박 정권은 신문용지 배급제라는 기상천외한 제도를 시행했습니다. 당시 신문용지는 전량 수입해 사용하고 있었는데, 이를 배급제로 바꿔 신문발행 부수에 직접적인 제한을 가했습니다. 말을 잘 듣지 않는 신문사에 불이익을 준 것은 물론입니다. 게다가 박 정권은 광고주(대부분 정권과 유착해 각종 특혜를 받고 이를 다시 정권에 돌려 주던 대기업)에 압력을 넣어 일부 신문광고를 중단하라고 협박하기도 했습니다. 1977년 동아일보 광고사태가 대표적인 사례입니다.

전두환 정권은 한술 더 떴습니다. 박정희 대통령의 시해에 이어 군사 쿠데타로 집권했으니 정권기반은 더욱 약해진 상태였습니다. 불안감은 더 큰 폭력을 낳는 법입니다. 결국 전 정권은 1980년 언론기관 통폐합이란 노골적인 폭력을 단행했습니다. 이어 1981년 '언론기본법'을 공포해 대대적인 언론 통제를 합법화하기에 이르렀습니다. 채찍만 구사한 게 아닙니다. 돈으로 언론을 매수하기 시작했습니다. 정권에 협력하겠다고 해 살아남은 언론사와 언론인들에게 특혜를 주기 시작한 것입니다. 그래서 1980년 이후로 기자들의 월급은 껑충 뛰게 됩니다. 해외연수 명목으로 외국여행을 허용해 줬고 (당시는 외국여행이 매우 제한돼 있던 시절이었습니다) 언론인을 위한 주택마련조합을 곳곳에 세워 저리로 주택마련을 지원했습니다.

김대중 정권과 노무현 정권을 거쳐 민주주의가 드디어 한국 땅에 정착하고 있다고 여겨지는 지금, 과연 권력의 언론 통제 시도는 줄어들었을까요? 이명박 정권이 온갖 반대에도 불구하고 정말 놀라운 열정과 집중력을 발휘해 도입을 관철시킨 '미디어법'을 봅시다. 이 명박 정권은 미디어를 활성화하고 시대 흐름에 맞게 방송법, 신문법, IPTV법을 개정해야 한다고 요구했습니다. 하지만 그 내용을 보면 국가·정치·경제권력의 미디어 장악이란 의도를 숨기지 않고 있습니다. 대기업과 신문사의 방송사 지분 참여 허용, 종합편성 PP 신규 허가, 보도전문채널 허가 등이 그것입니다. 보수 정권에 우호적인, 아니 정확히 표현하자면 이제 같은 배를 타고 각종 특혜를 나눠 갖고 있는 보수언론사의 위상을 크게 강화하려는 게 미디어법의 실체입니다. 종합편성채널을 허가받은 4개 언론사의 면면을 보면 알 수 있습니다. 게다가 권력의 핵심으로 부상한 대기업들에게 공식적으로 미디어 사업의 주역이 될 수 있는 길도 열어 줬습니다. 대기업은 지상파 TV의 지분을 10%까지 가질 수 있고 종합편성채널과 보도전문채널의 지분에 30%까지 참여할 수 있게 허용됐습니다.

왜 정권들은 그토록 언론을 통제하려 할까요? 구린 구석이 있기 때문입니다. 권력을 잡고 유지하고 행사하는 과정에서 절대 알려져서는 안 되는 비밀들이 많기 때문입니다. 떳떳하지 않으면 어떻게 해야 하나요? 완전히 꽁꽁 감춰야 합니다. 있었던 일도 "기억나지 않는다", 자신이 직접 돈을 건네 줬어도 "그냥 인간적인 마음으로 줬을 뿐 대가를 바라고 한 것은 아니다", 매일 만나 대책을 논의했어도 "살면서 한 번도 만나 본 적 없다"고 해야 하는 것입니다.

정보 독점과 통제는 권력의 비열한 속성과 행태를 최대한 숨기기 위한, 어쩔 수 없는 선택입니다. 구린 게 많은 권력일수록 정보 독점과 통제를 향해 '참을 수 없는 욕망'을 느끼게 됩니다. 단순히 비리를 은폐하기 위해 정보 독점과 통제가 필요한 것은 아닙니다. 성장의 열매를 정치권력과 경제권력이 독점하기 위해서도 정보 유통을 최대한 줄여야 합니다.

그래서 트로이카 권력은 정경유착(정치와 대기업의 야합), 정언유착(정치와 언론의 야합), 경언유착(대기업과 언론의 야합)이란 삼중 카르텔을 만들었던 것입니다. 정치권력과 경제권력과 언론권력은 이런 야합을 통해 상생 구조를 만들었습니다. 카르텔 안에 소속된 사람들은 모두 '동지'이자 '파트너'입니다. 이 카르텔에 속하지 않은 사람들은 '적'이자 '경쟁자'입니다.

전두환·노태우·김영삼 정권을 거치며 이 카르텔은 더욱 강화됐습니다. 카르텔 안에서 경제권력이 정치권력을 제치고 우두머리로 나서는 변화가 있긴 했지만 정치권력 입장에서 그것은 참을 만했습니다. 왜냐고요? 경제권력에 자리를 양보하면 더 많은 이익을 가져갈 수 있었기 때문입니다. 파이를 키워 더 많이 주겠다는데 마다할 이유가 없었습니다.

하지만 뜻하지 않은 변화가 들이닥쳤습니다. 김대중 정권이 광복 이후 처음으로 '정권 교체'에 성공했습니다. 김대중 대통령을 무시하고 압박하고 탄압했던 카르텔 멤버들은 뜨끔할 수밖에 없었습니다. 하지만 카르텔의 결속력은 강했습니다. 정권 교체에 성공했다고, 그 수장이 노벨 평화상을 탔다고 달라질 것은 없다고 자신했습니다. 김대중 전 대통령은 온건했습니다. 현실주의자였다고 할까요? 당초 파격적인 재벌개혁이 예상됐지만 온건한, 다소 김빠지는 개선 조치를 취하는 데 그쳤습니다. 물론 1997년 갑자기 들이닥친 국가부도사태, 즉 외환위기 때문에 운신의 폭이 좁아진 탓도 있었습니다. 김대중 정권은 언론에 대해서도 온건했습니다. 몇몇 언론사를 상대로 세무조사라는 강수를 두는 척했지만 결국 칼을 뽑아 들지 않았습니다(주요 언론사들은 역대 정권과 야합해 세무조사를 거의 받지 않았습니다. 그럼 무엇이 가능했을까요? 그렇습니다. 각종 탈법·불법 경영이 자행됐다고 예상해 볼 수 있습니다. 실제 김대중 정권 시절 본보기 혹은 맛보기 차원으로 진행된 언론사 세무조사 결과 사주가 처벌 받았습니다. 아주 부드러운 솜방망이 처벌에 그쳤지만 말입니다).

　노무현 정권 때는 등장하자마자 기다렸다는 듯 곳곳에서 전투가 벌어졌습니다. 노무현 전 대통령은 취임 직후 젊은 검사들을 만나 "이쯤 되면 막 가자는 거지요"라며 맞붙었습니다. 노 전 대통령은 언론권력의 주력을 형성하고 있는 보수언론과도 일전을 불사할 태세였습니다. 하지만 거기까지였습니다. 노 전 대통령은 임기 5년 동안 보수언론의 엄청난 공격에 맞서 진흙탕 싸움에 빠져버렸습니다. 트로이카 권력이 만들어 놓은 트로이카 카르텔은 정말 대단한 힘을 갖고 있었습니다. 트로이카 카르텔의 공격 포인트는 날카로웠고 고개를 끄덕일 수밖에 없는 정교한 논리를 갖고 있었습니다. 국정을 운영하는 과정에서 노무현 정권은 타협과 전투 사이에서 늘 서성였습니다.

보수언론에 맞서 대안언론을 모색하는 작업은 더디지만 꾸준히 진행됐습니다. 신문사《한겨레》에 이어 진보를 표방한 여러 언론사들이 등장했습니다. 하지만 이들의 영향력은 거대한 카르텔의 멤버인 보수언론에 비하면 보잘것없는 수준에 불과했습니다. 정권조차 함부로 하지 못할 정도로 강해진 보수언론권력의 영향력은 여전히 막강했고 상당수 국민들의 지지와 애정을 확보하고 있었습니다. 이에 비해 한겨레신문을 비롯한 진보언론들은 지지세력 못지않게 안티세력의 강력한 저항에 부딪히며 쉽게 앞으로 나아가지 못하고 있었습니다.

하지만 스마트 시대가 도래하며 그야말로 '판' 자체가 바뀌고 있습니다. 스마트 기기와 SNS는 생각과 감정을 마음껏 표출하는 열린 공간을 제공하고 있습니다. 그전에도 블로그 등을 통해 제한적으로 표출 공간이 넓어지고 있었지만 페이스북, 트위터, 유튜브 등 SNS 세계에서는 관계 네트워크가 전 세계를 상대로 이뤄지게 됐습니다. 스마트 세대는 스마트 기기와 SNS와 같은 스마트 인프라smart infra를 통해 엄청난 양의 정보를 유통시키기 시작했습니다. 스마트 인프라를 통해 넘쳐흐르는 '스마트 정보(앞으로 스마트 인프라를 통해 유통되는 정보를 스마트 정보라고 부르도록 하겠습니다)'의 양은 제도권 언론에서 다루는 정보의 양을 완전히 압도하고 있습니다. 게다가 스마트 정보는 놀라운 스피드를 갖고 있습니다. 일단 한번 스마트 인프라를 통해 스마트 세대smart generation에 꽂힌 정보는 순식간에 파급되며 전국을 들썩이게 만들고 있습니다. 스마트 정보는 등장한 지 불과 2~3년 만에 제도권 언론의 뉴스를 '어제 소식'으로 만들어버릴 정도로 강력한 힘을 발휘하고 있습니다.

스마트 정보의 성격은 과연 어떨까요? 스마트 세대가 스마트 인프라를 통해 놀라운 속도와 확장성을 보이며 유통시키고 있는 스마트 정보를 우리는 어떻게 바라봐야 할까요? "스마트 정보는 바로 이런 것이다"라고 쉽게 정의 내릴 수 없습니다. 또한 스마트 정보를 유통시키는 스마트 세대를 20대, 30대, 40대 등 연령층으로 구분할 수 없습니다. 스마트 인프라를 사용하는 모든 연령층을 아우르고 있기 때문입니다. 스마트 세대는 또 계층과 계급을 넘어서 있습니다. 부자들만이 스마트 인프라를 사용하는 것이 아닙니다. 스마트폰 가격이 결코 싼 것은 아니지만 어느 정도 대가를 지불하면 대부분의 계층이나 계급에서 스마트폰을 활용할 수 있습니다. 스마트 세대는 곧 한국 국민 모두라고 할 수 있을 정도로 말입니다.

스마트 정보는 제도권 언론에서 제공하는 정보에 비해 짜임새가 부족한 게 사실입니다. 제도권 언론에서는 숙달된 정보 제공자들인 기자들이 나름 완성도를 갖춘 정보, 즉 기사를 내보냅니다. 이에 비해 스마트 세대는 훈련을 받지 않았기 때문에 스마트 정보는 대부분 투박하고 때론 엉성하기까지 합니다. 논리 전개 구조를 제대로 갖추지 않은 경우가 많고 사실 관계 확인이 부족하다는 치명적인 약점을 갖고 있기도 합니다.

하지만 스마트 정보는 수많은 스마트 세대가 만들어 올린 것입니다. 제도권 정보에 비해 풍부하고 다채롭고 역동적입니다. 전국을 떠들썩하게 만들었던 스마트 정보들을 다시 살펴보면 한 가지 공통된 특징이 있습니다. 바로 사람의 '마음'에 호소하는 그 무엇을 담고 있다는 것입니다. 된장국물녀, 경춘선 파이터 할아버지, 지하철 막말녀, 분당선 담배녀 등 여러 이슈들을 보면 알 수 있습니다. 지켜야 할 것을 지키지 않는 행동, 상식에 비춰 볼 때 말도 되지 않는 행동에 대한 응징이란 성격을 갖고 있습니다.

스마트 정보는 '견제'의 역할을 하기 시작했습니다. 무엇인가 잘못된 일이 벌어질 때 스마트 기기로 현장에서 즉석 촬영하고 실시간으로 올립니다. 이를 막을 길은 없습니다. 스마트 정보가 스마트 세대의 레이더망에 걸리는 순간 들불처럼 번지는 것을 통제할 수단은 없습니다. 적어도 현재까지는 그렇습니다.

스마트 정보가 '마음'에 호소하고 '견제'하는 성격을 갖고 있다는 것은 매우 중요한 포인트입니다. 스마트 정보는 과거 권력의 횡포에 맞서 일어났던 폭동, 민중봉기의 21세기식 표현이 될 수 있습니다. 평등의지의 자연스런 분출이었던 민중봉기는 권력집단의 신속한 억압으로 단기간에 잠재워지기 마련이었습니다. 권력집단은 다시 빠르게 권력구조를 안정시켰고 반발이 있었던 만큼 억압과 통제 시스템을 더욱 강화하곤 했습니다. 그 과정에서 정보의 철저한 통제가 이뤄졌음은 말할 필요조차 없습니다. 한 곳에서 일어난 민중봉기에 대한 정보가 최대한 확산되지 않도록 통제했고 설사 그것이 다른 곳으로 흘러가게 되더라도 그 내용을 자신에게 유리하게 왜곡하면 됐습니다. 우리는 1980년 5·18 광주민주화운동의 실상이 왜 그토록 오랫동안 은폐되고 왜곡됐는지 이제는 알고 있습니다. 그처럼 잔혹하고 철저한 학살이 제대로 알려지기까지 무려 10년 가까운 시간이 걸렸습니다. 트로이카 권력의 트로이카 카르텔이 광주민주화운동의 정보를 철저히 통제하고 은폐시켰기 때문입니다.

하지만 이 같은 일은 이제 스마트 시대에 재현되지 못할 것입니다. 예를 들어 광주민주화운동이 지금 이 시대에 우리 옆에서 발생했다고 가정해봅시다. 어떻게 될까요? 전남도청에서 진압군에 맞서 도청을 사수하는 젊은이는 스마트폰으로 자신의 처참하고 비장한 현실을 찍어 올릴 것입니다. 자신을 향해 총을 겨누며 다가오는, 고민하면서도 어쩔 수 없이 총을 쏘아대고 있는 젊은 진압군의 얼굴을 동영상으로 담아 올릴 것입니다. 임산부의 배를 갈라 아기를 꺼내 들며 히죽거리는 비열한 진압군의 모습을 올릴 수도 있을 것입니다. 이 같은 정보가 전 세계를 상대로 확산되면 어떻게 될까요? 전두환 정권을 지지하는 미국은 갈등하게 되지 않을까요? 그토록 비열한 정권을 지지하는 것은 미국이 표면상 내세우고 있는 전 세계적인 인권강화라는 기본 외교정책과 충돌하는데 말입니다. 이 같은 정보가 국내 전역으로 확산된다면 어떻게 될까요? 전국에서 이를 비판하는 저항운동이 벌어지지 않을까요?

우리는 여기서 중요한 것을 알 수 있습니다. 기층 민중은 스마트 인프라에서 지금까지 주어지지 않았던 의사소통 수단을 발견하고 있습니다. 통제되고 검열되고 잘려 나간 정보가 아니라 '날것' 그대로의 정보를 만들고 올리고 확산하고 소통할 수 있는 수단을 말입니다. 스마트 인프라를 통해 개인들은 개인에 머물러 홀로 한숨짓지 않을 수 있습니다. "내가 나선다고 무엇이 달라지겠어. 내 말을 들어 줄 사람이 몇이나 되겠나"라며 좌절하지 않아도 되는 것입니다. 나와 같은 느낌과 생각을 공유하는 사람들을 스마트 정보 속에서 찾으면 됩니다. 스마트 인프라와 스마트 정보는 이처럼 전 세계를 무대로 광활한 네트워크를 개인에게 제공하고 있습니다. 노마드 정보인 스마트 정보는 시간과 장소의 한계를 벗어나 놀라운 확장성을 갖고 있습니다.

평등의지의 발전은 정보 유통의 확대와 함께 이뤄집니다. 정보 유통은 경제와 기술 발전이 갖고 온 결과라고 할 수 있습니다. 고대 사회와 중세 사회는 커뮤니케이션 발전에서 그다지 큰 차이를 갖고 있지 않았습니다. 이동 수단은 여전히 말이었습니다. 하지만 근대에 들어서 증기기관과 전화가 발명되자 거리감이 확 줄어들었습니다. 이동이 빨라졌고 그만큼 정보 유통 속도도 빨라졌습니다. 정치·경제·사회·문화와 관련한 정보가 보다 많이 생산되고 유통될수록 평등의지는 강해집니다. 억압과 탈취에 대한 저항이 그만큼 높아지는 것은 당연한 결과입니다. 그래서 앞에서 살펴보았듯 권력집단은 달라진 환경에 맞춰 권력 시스템을 한층 세련되게 바꿔 갔던 것입니다.

스마트 시대와 스마트 권력의 등장과 함께 정보 유통은 이전 시대와 비교할 수 없을 만큼 많아졌고 빨라졌습니다. 스마트 인프라와 스마트 정보에 평등의지를 담은 정보들이 갈수록 많이 올라오게 될 것입니다. 하지만 아직은 억압과 불평등에 대한 자연스런 반응, 즉 '분노'가 대부분을 차지하고 있습니다. '날것'으로 올라오는 스마트 정보 중에는 오히려 스마트 권력의 확장과 강화를 방해하는 것들도 많습니다.

스마트 권력은 이제 막 형성되고 있을 뿐입니다. 스마트 권력을 만들고 있는 것은 스마트 세대, 스마트 인프라, 스마트 정보인데 성격상 생성주체가 명확하지 않습니다. 모든 계층과 계급을 아우르고 있다는 것은 곧 스마트 세대의 정체성을 명확하게 틀 지울 수 없다는 것을 알려 줍니다. 과연 스마트 권력은 어떤 방식으로 발전해 나갈까요? 아니, 보다 근본적으로 스마트 권력이 과연 기존 트로이카 권력에 도전할 만큼 강력한 힘을 가질 수 있을까요? 이제 스마트 권력의 미래를 그려 볼 때입니다.

'나는 꼼수다'는 2011년 팟캐스트 정치뉴스 분야에서 세계 1위에 오르는 기염을 토했습니다. 매회 직접 다운로드만 200만 건이 넘고 간접 다운로드를 더하면 600만 건이 넘기도 했습니다. 팟캐스트 부문에서 글로벌 1등이 나왔다는 것은 우연이 아닙니다. 한국이 전 세계적으로 부상하는 스마트 권력에서 앞서가고 있다는 것을 말해 줍니다. IT 강국이자 스마트 강국인 대한민국이 이제 전 세계 스마트 권력의 출현에서 선두주자로 치고 나가기 시작했다는 얘깁니다. 이해를 돕기 위해 간단히 설명하겠습니다. '팟캐스트'는 아이팟의 '팟'과 브로드캐스트의 '캐스트'를 합친 단어입니다. 쉽게 말해 스마트폰으로 듣는 라디오방송입니다. 팟캐스트는 인터넷만 연결돼 있으면 언제 어디서든 다운받아 들을 수 있습니다. 애플 스마트 기기 사용자는 애플의 아이튠즈에서 구독 버튼을 누르기만 하면 청취할 수 있습니다. 안드로이드폰 사용자들도 관련 애플리케이션을 다운 받아 들을 수 있습니다.

‘국내 유일의 가카(각하)를 위한 헌정방송’이란 타이틀로 2011년 4월 첫 방송을 시작한 나꼼수는 인기에서 제도권 언론을 완전히 압도했습니다. 조선·중앙·동아일보의 유료 부수를 모두 합하면 300만 부를 넘지 않습니다. 나꼼수의 매회 다운로드 횟수였던 600만 건의 절반 수준에 불과합니다.

나꼼수의 열풍 비결은 무엇일까요? 결론부터 말하자면 나꼼수는 스마트 권력의 예고편이라 할 수 있습니다. 스마트 의지의 결집이 시작됐다는 것을 알려 줍니다. 나꼼수는 스마트 권력이 어떻게 형성되고 유지되며 발전할지를 보여 주는 새싹인 셈입니다. 나꼼수에 열광하며 스마트폰을 클릭하는 청취자들은 스마트 권력의 형성에 저절로 참여하고 있는 것이라 할 수 있습니다. 스마트 의지, 스마트 정보, 스마트 인프라를 통해 형성되고 있는 스마트 권력은 아직까지 어떤 특정 그릇에 담겨 있지 않습니다. 정당 형태를 갖고 있지 않습니다. 당연히 스마트 권력의 욕구를 대변할 공식적인 대변인도, 조직도 없습니다.

노마드 권력인 스마트 권력은 인류 역사상 최대 규모의 확장성을 갖고 있지만 아직까지는 ‘거대한 잔물결’에 불과합니다. 엄청난 잠재력을 지닌 잔물결인 셈입니다. 바다 깊은 곳에서 사상 최대 규모의 지진이 발생했지만 그 충격파는 아직 수면 위로 올라오지 않았습니다. 그 거대한 힘 가운데 좀 성급한 놈이 수면 위로 살짝 고개를 내민 게 바로 나꼼수일 것입니다.

나꼼수는 공정성을 표방하지 않습니다. "우리는 언론이 아니다. 우리를 언론 잣대로 평가하지 말라"고 말합니다. 그러면서 속 시원히 말하고 싶은 것을 자유롭게 마음껏 터뜨리고 있습니다. 스스로 '저질'이라고 자신 있게 말하듯 그들은 쌍욕도 서슴지 않습니다. 언론에선 쓰지 못할 각종 표현이 오갑니다. 방송을 하면서 나꼼수 진행자들은 아주 가까운 친구들끼리 사석에서나 가능할 법한 대화를 툭툭 던집니다. 웃고 떠들며 한바탕 '판'을 벌입니다. 나꼼수를 듣다 보면 저절로 웃음을 짓게 됩니다. 물론 나꼼수를 비판하는 사람의 반응은 다를 것입니다. 그렇더라도 나꼼수는 듣는 사람으로 하여금 미소짓게 하는 유머, 개그, 블랙 코미디, 페이소스 등을 담고 있습니다.

나꼼수의 진행 방식을 보면 파격 그 자체였습니다. 거침없이 독설을 쏟아붓는 것은 기본이고 비꼬기, 비껴가기, 노골적으로 꼬집기 등 다양한 방법을 동원합니다. 개그 프로그램 같기도 하고 친한 친구 몇 명이 의기투합해서 만든 아마추어 통신 같기도 합니다. 〈딴지일보〉의 거침없는 독설을 인터넷 방송으로 옮겨 놓았는데 귀로 듣는 것이기 때문에 와 닿는 느낌은 더욱 강렬합니다.

나꼼수 진행자들은 매우 현명했습니다. 내용과 형식은 동전의 양면처럼 붙어 다닙니다. 잔뜩 점잔을 빼면서 파격적인 내용을 담기란 여간 어려운 게 아닙니다. 그래서 선택된 것이 형식 파괴입니다. 제도권 언론의 '엄숙주의'를 비웃으며 '잡담'을 선택했습니다. 웃고 떠드는 가운데 그들은 날카로운 칼날을 던집니다. 웃음 속에 담긴 비수는 더욱 무서울 수밖에 없습니다. 효과가 극대화되는 것입니다. 정색하고 준엄하게 꾸짖는 것보다 얼굴에 미소를 띤 채 조목조목 문제점을 지적해 옴짝달싹 못하게 만드는 선생님이 더 무서운 법입니다. 엉성한 듯, 대충 짠 듯한 형식은 노마드 권력인 스마트 권력의 속성과 어울립니다. 제도권 언론의 기사는 1차 생산자인 기자의 자기 검열에 이어 데스크의 게이트키핑을 거칩니다. 여러 걸름장치를 거치면서 내용과 표현이 온순해집니다. 쉽게 말해 점잔 빼는 단어들로 바뀌게 됩니다. 일상생활에서 오가는 말들로 쓰인 기사도 있지만 그것은 어디까지나 실험정신으로 해보는 것에 불과합니다.

나꼼수의 진행 방식은 마당극 같은 놀이 형식을 떠올리게 합니다. 풍자와 해학으로 가득 찬 말을 던지는데 '윗분'들이 행여 정색하고 덤벼들까 비껴가기 방식을 즐겨 씁니다. 웃자고 얘기하는데 죽자고 덤벼드는 놈은 바보가 될 수밖에 없습니다. 하지만 마당극에서처럼 행간에 날카로운 팩트가 번뜩입니다. 가슴이 뜨끔해지지만 웃자고 얘기한 것이니 정색하고 반박하기도 좀 그렇습니다. 나꼼수는 마당극처럼 '판'을 벌려 청취자의 '마음'에 호소합니다. 쌍욕과 거친 말 뒤에 놓인 감성과 마음과 메시지를 알아 달라고 외칩니다.

이런 점에서 나꼼수는 내용과 형식의 패러다임 혁신을 이루었다고 볼 수 있습니다. 느슨하고 유연하고 때로 흐느적거리는 형식에 감성지향적인 내용을 담았습니다. 나꼼수는 감성 방송입니다. 나꼼수에게 있어 팩트 그 자체는 중요하지 않았습니다. 특정 팩트를 우리가 어떻게 받아들이고 그 팩트에 우리가 어떻게 반응해야 하는지를 토론했습니다. 나꼼수는 '가카'의 임기 동안 '가카'가 이끄는 정권의 문제점을 꼬집기 위해 등장한 한시적인 라디오방송입니다. 출발 목적이 분명합니다. 객관성, 공정보도, 세련된 표현이라는 허울 좋은 명분 뒤에 숨어 자신의 당파성과 의식과 이해관계를 숨기려 하는 제도권 언론을 나약하다고 비웃었습니다.

나꼼수는 '그 뒤에 놓인 그 무엇'을 파헤쳤습니다. 사건 뒤에 숨어 있는 사람이 누구인지, 그 사람이 도대체 어떤 일을 하고 있는지를 따졌습니다. 사람과 그 사람이 하는 일을 따지려면 무엇이 필요합니까? 그 사람의 욕망이 무엇인지 알아야 합니다. 그 사람이 명예를 중요하게 생각하는지, 돈벌이를 지상 최대 과제로 생각하고 있는지를 먼저 챙겨 봐야 합니다. 겉으로 드러난 팩트는 많은 것을 감추고 있습니다. 이미 우리가 살펴봤듯 권력은 여러 세련화·정당화 과정을 통해 자신의 집요한 욕망을 감춥니다. 얼핏 봐선 도무지 알 수 없는 저 어딘가에 자신의 욕망을 꽁꽁 숨겨 둡니다.

우리는 국어 시간에 '맥락이 중요하다'고 배웠습니다. 반어법으로 쓰인 문장을 제대로 독해하려면 표현을 거꾸로 읽어야 합니다. 문장과 문장을 따로 떼어 읽으면 눈앞의 글을 제대로 이해할 수 없습니다. 문장과 문장, 단어와 단어가 서로 어떻게 얽혀 있는지를 알아야 글쓴이의 의도와 감정과 사상을 알아차릴 수 있습니다. 정치·경제· 사회·문화 현상도 마찬가집니다. 팩트와 팩트를 그냥 쭉 나열한다면 현상을 제대로 들여다볼 수 없습니다. 팩트와 팩트가 어떤 관계를 갖고 있는지, 팩트 뒤에 어떤 사람들이 있고 그 사람들의 욕망은 무엇인지 알아야 진짜 팩트를 알 수 있게 됩니다.

나꼼수는 욕망을 자꾸 들쑤셨습니다. 사건과 팩트 뒤에 놓인 맥락, 인물, 욕망을 건드렸습니다. 제도권 언론이 점잖 빼는 표현 뒤에 숨어 지면에 올려 놓지 않는 맥락과 인물과 욕망이 나꼼수에는 단골메뉴로 등장했습니다. 바로 이것이 나꼼수가 남다른 특종을 할 수 있었던 배경이자 이유입니다. 나꼼수는 2011년 10·26 재보선 당일 아침 벌어진 선거관리위원회의 홈페이지에 대한 디도스 공격을 최초로 의혹 제기했습니다. 제도권 언론들은 이를 터무니없는 추측으로 치부했지만 경찰 수사 결과 사실로 드러났습니다. 이명박 대통령의 내곡동 사저 의혹을 처음 터뜨린 것도 나꼼수였습니다. 물론 이런 특종의 배경에는 제보자가 당연히 있었을 것입니다. 왜 제보자들이 나꼼수에 이런 특종을 던져 줬을까요? 나꼼수가 점잖 빼지 않으면서 맥락과 인물과 욕망을 노골적으로 건드리는 용기를 갖고 있었기 때문입니다.

결과는 어떻습니까? 나꼼수에 대한 신뢰가 수직 상승했습니다. 나꼼수를 제도권 언론보다 더 신뢰한다는 여론조사 결과까지 나왔습니다. 나꼼수는 내용과 형식의 파괴 그리고 일련의 대특종을 통해 스스로 시장을 창출하는 능력을 보여 줬습니다. 그전까지 정치에 무관심했던 10~30대가 나꼼수의 광팬으로 등장했습니다. 경제 현상으로 보자면 나꼼수는 레드오션에 빠져 과열경쟁으로 허덕이고 있는 제도권 언론을 비웃으며 자신만의 블루오션을 창출했습니다. 청취자의 폭발적인 급증, 신뢰도 급상승을 통해 나꼼수는 결코 무시할 수 없는 새로운 문화 현상이자 정치 세력으로 떠올랐습니다.

나꼼수가 보여준 현상 가운데 아주 중요한 내용이 있습니다. 우리는 통상 한국의 10~30대를 정치 무관심 세대로 여겨 왔습니다. 하지만 이들은 나꼼수에 열광하며 나꼼수 열풍의 주역이 됐습니다. 이것은 무엇을 말해 주는 것일까요? 한국의 10~30대는 정치 무관심 세대가 아니라 단지 자신들의 입장과 욕구와 이해관계를 적절히 표현해 주는 채널을 갖지 못했던 것은 아닐까요? 매일 비슷한 내용을 점잖 빼는 표현으로 전달해 주지만 정작 자신들의 얘기를 외면하는 제도권 언론에 식상한 나머지 정치에서도 아예 고개를 돌렸던 것은 아닐까요? 나꼼수는 이런 점에서 선각자였습니다. 스마트 권력의 핵심 주력군이 될 10~30대의 눈높이에 맞춰 형식과 내용을 파격적으로 바꿨던 것입니다. 10~30대가 어떤 정치 뉴스를 원하는지, 그들이 어떤 정치적 잠재의식을 갖고 있는지를 꿰뚫어 본 것입니다.

정권과 권력과 제도권 언론에 대한 불신은 곧장 나꼼수에 대한 신뢰와 열풍으로 이어졌습니다. 정권과 권력과 제도권 언론을 바라보면 가슴이 답답해졌지만 나꼼수를 들으면 순간 뻥 뚫리는 그 무엇을 느낄 수 있었기 때문입니다. 쾌감, 통쾌함은 카타르시스로 이어졌습니다. 마당극처럼 나꼼수 출연자들은 청취자들과 같이 호흡하고 느끼는 성과를 거뒀습니다. 이것은 나꼼수가 권력자의 눈으로 사회를 보지 않고 청취자의 눈으로 사회를 바라봤기 때문에 가능한 일이었습니다. 팩트와 인물과 욕망을 객관성이란 모호한 센서로 걸러 밋밋한 의상을 입힌 뒤 무대에 올리는 대신 마음과 감성이란 걸름장치를 통해 팩트와 인물과 욕망을 연결짓고 그 더러운 관계를 폭로하려 했습니다.

나꼼수는 스마트 권력의 가능성을 열어 보였지만 동시에 한계도 드러냈습니다. 나꼼수는 팩트보다는 맥락, 관계, 인물, 욕망에 주목했습니다. 유머, 해학, 재치, 기지, 비틀기, 꼬집기, 비꼬기를 주된 전달방식으로 사용했습니다. 나꼼수는 분명 새로운 언론의 가능성에 대한 실험이라는 점에서 대안언론이라 할 수 있습니다. 나꼼수는 정보를 제공했습니다. 그것도 정치·경제·사회적으로 의미 있는 팩트와 정보들을 다뤘습니다. 스스로 언론이 아니고 그래서 "언론의 사회적 책임을 우리에게 요구하지 마라"고 말한다 해도 이미 나꼼수는 언론의 영역으로 자연스럽게 넘어왔습니다. 나꼼수를 통해 정보를 습득하는 청취자들에게 있어 나꼼수는 그 어떤 제도권 언론보다도 신뢰할 만한 언론이었던 것입니다. 정보 전달, 특히 정치·

경제·사회적으로 파급력 있는 정보를 전달하는 데는 그만큼 책임이 뒤따릅니다. '아니면 말고' 하는 방식은 통하지 않습니다.

나꼼수는 현실 정치에 깊숙이 개입했습니다. 2011년 서울시장 보궐선거에서 나경원 후보를 맹렬히 공격하며 나경원 후보의 패배에 결정적인 역할을 했습니다. 나꼼수는 자신들이 갖고 있는 정치적 지향을 노골적으로 드러냈습니다. 제도권 언론이 객관성, 공정성이란 어정쩡한 허울을 두른 채 갈팡질팡하는 가운데 나꼼수는 자신들이 원하는 방향을 정확히 설정하고 망설임 없이 달려 나갔습니다. "가카는 그럴 분이 아니다"는 반어법을 통해 현실 정치와 선거에 직접적인 영향을 줬습니다. 생각했던 것보다 훨씬 막강한 힘을 발휘했습니다.

팩트보다는 인물, 관계, 욕망에 현미경을 들이대다 보면 자칫 팩트가 흐려집니다. 그 인물이 정말 그런 욕망을 갖고 있는 것인지, 그 인물이 정말 그런 관계망에 걸려 있는 것인지 사실 관계를 확인하지 않은 채 뭉뚱그려 빵 때려버리는 잘못을 저지를 수도 있습니다. 유머, 재치, 희화화에 집중하다 보면 자칫 가공의 인물과 가공의 욕망을 만들 수도 있습니다. 애초 판단의 가장 기초인 팩트가 잘못된 것이라면 그 가공의 작업이 갖는 문제점은 더욱 커지게 됩니다.

예컨대 국가·정치·경제권력의 각종 비리와 문제점은 분명 그 권력들을 행사하는 사람들의 문제이기도 합니다. 하지만 권력은 오랜 역사적 산물입니다. 단지 몇몇 소수의 사람 때문에 지금의 권력이 형성되고 유지되며 행사되는 것이 아닙니다. '가카'가 분명 문제 있어 이명박 정권의 각종 한계가 형성되고 표출됐습니다. 하지만 '가카'에게 모든 책임을 돌릴 수 없는 구조적·역사적 문제도 존재하는 것입니다. 그것을 모두 개인과 일부 집단의 잘못된 욕망으로 치부해 버린다면 어떤 일이 벌어질까요? 그럼 문제되는 그 개인과 일부 집단만 걷어내면 모든 일이 잘 되는 것일까요? 그렇지 않습니다. 권력은 그렇게 단순한 장치가 아닙니다. 이미 역사적으로 생존력과 지배력을 입증한 살아 있는 거대한 힘입니다. 몇몇 개인과 집단이 마음대로 주무를 수 있는 상대가 아닌 것입니다.

나꼼수도 이런 구조적·역사적 문제점을 모르지는 않았을 것입니다. 그들이 선택한 형식과 내용을 보면 이런 권력의 구조적·역사적·사회적 문제점까지 다뤘을 때 초점이 흐려질 수밖에 없었을 것입니다. 그럼에도 권력의 문제를 단지 몇몇 개인과 집단의 빗나간 탐욕으로 희화화할 경우 그 밑에 깔려 있는 도도하고 거대한 흐름을 외면하는 오류를 범할 수 있습니다. 고장 난 자동차를 깔끔하게 고치기 위해서는 진짜 고장의 원인을 잘 짚어 고쳐야 합니다. 엔진에 문제가 생겼는데 임시방편으로 부품 몇 개 바꾼다고 자동차가 쌩쌩 달릴 수 없습니다. 당장 잘 나가더라도 이내 멈춰서고 말 것입니다.

이런 점에서 나꼼수의 등장과 열풍은 스마트 권력의 가능성과 문제점을 동시에 보여 준다고 하겠습니다. 정치 무관심 세대로 치부되던 10~30대의 놀라운 정치적 집중력과 특유의 무한확장성을 일깨웠습니다. 자신의 요구와 입장을 대변하는 채널을 발견하자 정치 무관심 세대는 응집력 있는 정치집단의 초기 형태를 보였습니다. 나꼼수가 새로운 정치 아이콘으로 떠오른 것은 분명 스마트 권력이 껍데기를 벗고 비상의 나래를 활짝 펼 날이 멀지 않았다는 것으로 예고합니다.

반면 나꼼수의 한계는 스마트 권력이 한사코 배제해야 할 한계와 오류를 보여 주고 있습니다. "엄숙함에 똥침을 놓겠다"는 재치는 유연하고 신선하고 확장성을 갖춘 접근이지만 국가·정치·경제권력의 거대한 힘에 도전하기에는 많이 부족합니다. 자각을 넘어 실제 변화를 이끌기 위해서는 새로운 엄숙함과 진지함이 필요합니다.

스마트 세상에 로그인하라

■ ■ ■

　스마트 시대에서는 모든 것이 연결됩니다. 스마트폰, 태블릿 PC, 스마트 TV 등 스마트 단말기는 페이스북, 트위터와 같은 SNS를 통해 스마트 네트워크와 연결됩니다. 그 사이에 클라우드라는 창고가 있습니다. 스마트폰-클라우드-스마트 네트워크로 이어지는 스마트 세계는 우리의 일상생활에서부터 기업의 경제활동까지 엄청난 변화를 일으키고 있습니다.

　스마트 단말기, 스마트 네트워크 등 스마트 인프라는 스마트 정보, 스마트 커뮤니케이션, 스마트 문화 그리고 스마트 의지를 등장시켰고 이것은 다시 스마트 산업으로 확장되고 있습니다. 이 같은 연결 확대는 매우 중요한 의미를 갖고 있고 앞으로 그 영향력이 어디까지 뻗어갈지 예측하기 어렵습니다. 스마트 권력의 등장도 스마트 시대의 가장 중요한 현상 중 하나입니다. 스마트 권력은 스마트 시대가 오지 않았다면 결코 등장하지 못했을 것입니다. 모바일을 통해 글로벌하게 연결되고 확대되며 팽창되는 정보는 스마트 권력이 출현하기 위한 토양입니다. 스마트 기기와 네트워크는 우리 생활을 바꾸고 있고 우리의 문화 성향과 소비 욕구에까지 깊숙이 들어오고 있습니다. 스마트 세계에 올라오는 정보는 기하급수적으로 늘어나고 우리는 점점 더 많은 정보를 스마트 세계에서 얻습니다.

　스마트 인프라에는 지금까지 인류가 개발하고 응용한 기술 중 최첨단 기술들이 집중적으로 적용되고 있습니다. 스마트 세계의 가장 큰 장점은 무엇보다 엄청난 사용자와 접속자에 있습니다. SNS의 선두 업체가 선보인 서비스는 이미 전 세계에서 10억 명 이상이 이용하기 시작했고 앞으로 그 숫자는 더욱 빨리 증가할 것입니다. 상상해봅시다. 전 세계에서 30억 명 이상이 이용하는 SNS가 등장한다면 어떤 변화가 일어날까요? 30억 명의 회원을 거느리고 있는 SNS 업체는 엄청난 힘을 갖게 될 것입니다. 왜냐하면 그 업체는 자신의 SNS를 이용하는 사용자들의 정보를 수집해서 활용할 수 있기 때문입니다(현재 이 같은 정보 수집과 활용에 대한 우려가 확산되고 있습니다. 이를 제한적으로 규제할 수는 있어도 근본적인 해결책을 마련하기는 어려울 것입니다).

게다가 스마트 세계에서 스마트 업체들은 사용자의 커뮤니케이션에 기반해 사용자별 맞춤형 정보를 수집할 수 있습니다. 컴퓨팅 기술이 21세기 들어 빠르게 발전하며 예전에는 엄두도 못 내던 정보 분석이 가능해졌기 때문입니다. 수십억 명의 사용자 정보를 자신이 원하는 형태로 수집하고 가공할 수 있는 '빅 데이터(뒷장에서 상세히 설명하겠습니다)' 기술이 이미 등장했습니다.

이 장에서는 스마트 세계와 권력이 전광석화처럼 빠르게 팽창하고 있는 이유를 살펴보고자 합니다. 스마트 세계가 정치·경제·사회·문화에 어떤 변화를 주고 있을까요? 우리는 이 과정에서 스마트 세계가 단순히 새로운 기술의 출현과 그에 대한 적응 수준을 넘어서 완전히 다른 새로운 차원을 만들고 있고 저항할 수 없는 소용

돌이처럼 우리를 빨아들이고 있음을 깨닫게 될 것입니다. 스마트 세계에 대한 적응은 선택의 문제가 아니라 생존의 문제가 되고 있습니다.

돌이처럼 우리를 빨아들이고 있음을 깨닫게 될 것입니다. 스마트 세계에 대한 적응은 선택의 문제가 아니라 생존의 문제가 되고 있습니다.

스마트폰은 단순한 기계가 아닙니다. PC처럼 명령어만 인식하는 멍청이가 아닙니다. 스마트폰은 현재 발전 단계에서 냄새 외에 모든 것을 감지합니다(스마트폰이 냄새까지 인식하는 때가 곧 올 것입니다. 스마트 인프라와 관련한 기술은 놀라울 정도로 빨리 발전하고 있고 스마트 세계에서 기술 경쟁은 더욱 뜨거워지고 있습니다). 스마트폰은 눈(카메라)과 운동신경(흔들림 감지)을 갖고 있습니다. 볼 수 있고, 몸으로 움직임을 느낄 수 있는 것입니다.

스마트폰은 심지어 인간의 한계를 뛰어넘기 시작했습니다. 4G에는 레티나 디스플레이 기능이 담겼는데 이 기술은 인간이 눈으로 볼 수 있는 능력을 넘어섭니다. 인간은 300 PPI(인치당 픽셀) 정도의 시각 능력을 갖고 있지만 레티나 디스플레이는 이미 이것을 뛰어넘었습니다. '레티나'는 '망막'이란 뜻을 갖고 있는데 이미 망막 이상의 능력을 갖췄습니다. 스마트폰의 시각 능력이 뛰어날수록 해상도와 밝기, 색 재현능력도 높아지게 됩니다. 스마트폰은 인간이 지닌 시각 능력의 한계를 확장시키는 수단이 된 것입니다.

스마트폰과 태블릿 PC는 손 안의 도구입니다. 태블릿 PC가 손에서 마음대로 다루기에 좀 불편한 느낌이 있긴 하지만 이것에 익숙해진 사용자들은 예전의 조그만 구형 휴대폰을 다룰 때처럼 편안하게 즐기고 있습니다. 스마트폰은 손 위에서 정말 많은 일을 하기 시작했습니다. 일단 스마트폰에 익숙해지면 마치 피부의 일부인 것처럼 우리 몸에 착 달라붙게 됩니다. 예를 들어 볼까요?

아침에 스마트폰의 알람으로 일어납니다. 내가 제일 좋아하는 곡을 알람소리로 설정해 놓았기 때문에 한결 쉽게 일어날 수 있습니다. 일정 위젯이 알아서 오늘 해야 할 일을 알려 줍니다. 날씨 애플리케이션이 날씨를 실시간으로 검색해서 우산을 챙겨 나가야 할지, 옷을 두툼하게 입어야 할지 알려 줍니다. 정류장에서 버스가 언제 도착할지 시간을 확인해봅니다. 버스나 지하철을 타고 학교나 직장에 가면서 오늘의 뉴스, 이슈 등을 챙겨 봅니다. 트위터, 페이스북에 친구들이 올려 놓은 다양한 정보들에는 이미 신변잡기를 넘어 정치, 경제, 상품에 대한 내용 등이 들어 있습니다. 주식 어플을 클릭해 자투리 돈으로 시작한 주식투자를 오늘은 어떻게 대응할지 결정합니다. 점심에 무엇을 먹을지는 이미 결정해 놓았습니다. 맛집 관련 어플에서 찾아 며칠 전 예약해 놓았습니다. 스마트폰은 자투리 시간을 때우기 딱 좋은 친구입니다. 그런데 이 친구는 나와 다른 모든 친구를 이어 주는 아주 친절한 친구이기도 합니다. SNS에 올린 글들을 친구들이 보고 댓글을 달거나 쪽지를 보내 오고 필요하면 통화까지 합니다. 스마트폰은 나와 친구들 그리고 세상을 연결해 주는, 아주 믿음직한 동반자입니다. 저녁에 친구를 만나기로 한 약속장소에 가면서 근처 맛집이나 괜찮은 술집을 찾아봅니다. 만나기로 한 친구도 역시 그럴 것입니다. 친구에게 내가 찾은 정보를 실시간으로 띄워 상의합니다. 맛집이나 술집에서 음식이나 장소를 찍어 간단한 평가와 함께 실시간으로 올립니다. 나와 친구가 올린 정보는 다른 많은 사람들과 공유되며 이 가게의 운명을 좌우하게 될 것입니다. 레티나 디스플레이 기능이 담긴 카메라로 찍어 올린 사진만으로 이미 평가는 끝났습니다. 집에 가면서 일기를 쓰고 저장합니다. SNS에 올릴까 살짝 고민한 뒤 그냥 두기로 합니다. 오늘은 친구와 많은 비밀 얘기를 했고 굳이 공개할 필요까진 없으니까요. 집에 들어오면 태블릿 PC와 스마트 TV가 스마트폰을 불러 들여 오늘 내가 한 작업들을 자동으로 나눠 갖게 합니다. 침대에 누워 잠시 뒹굴다 잠을 청합니다. 베개 바로 옆에 있는 스마트폰은 조용하게 누워 있지만 내가 설정해 놓은 기능을 밤새 열심히 수행할 것입니다. 아침에 일어나면 스마트폰은 많은 정보를 다시 내게 쏟아부을 것입니다.

이런 일은 이미 익숙해졌습니다. 스마트 인프라를 통해 할 수 있는 일은 갈수록 많아지고 있습니다. 스마트 인프라에는 하루에도 엄청난 양의 애플리케이션이 올라오고 있습니다. 스마트 인프라에 담기고 있는 콘텐츠는 우리 삶과 경험을 지속적으로 확장시키고 있습니다. 게임, 주식투자, 요리, 쇼핑, 레저, 주거정보 등 영역에 제한이 없습니다. 얼마 전까지만 해도 처리하기 위해 시간을 들여 발품을 팔아야 했던 일들이 손 안에서 간단하게 처리되고 있습니다. 이것은 스마트 인프라에 엄청난 정보가 올라오기 때문에 가능합니다. 단지 몇몇 정보 제공업체나 애플리케이션 개발회사가 주는 정보로는 꿈도 못 꿀 일이 이제는 손 안에서 척척 해결됩니다.

스마트폰은 우리에게 이미 '마법상자'가 됐습니다. 스마트폰 하나에 책, 영화, 음악, 신용카드, 카메라, 녹음기, 메모수첩, 일기장, 노트북 등을 모두 담을 수 있습니다. 스마트폰이 제공하는 서비스와 콘텐츠는 우리가 상상하기 힘들 정도로 발전하고 있습니다. 내일이 되면 또 어떤 서비스와 콘텐츠가 등장해 우리 삶을 확장시킬지 짐작조차 하기 어렵습니다. 전 세계에서 수많은 천재들이 스마트 인프라를 확장시키기 위해 밤낮으로 땀 흘리고 있습니다.

스마트 시대에 기술은 곧 삶이 됐습니다. 스마트 인프라는 인간 중심적 사고와 작동하는 방식을 갖고 있습니다. 우리의 생각과 눈과 감각과 욕구를 스마트 기기와 서비스는 흠뻑 빨아들이고 있습니다. 스피드, 확장성, 풍부함이라는 노마드 성격을 지니고 있는 스마트 인프라는 거부할 수 없는 유혹입니다. 어찌 보면 스마트 시대는 인간의 진화 단계에서 완전히 새로운 차원의 시작을 알리는 것일 수도 있습니다. 인류는 시간과 공간의 제약을 넘어서기 위해 노력해왔습니다. 증기기관, 비행기, 우주선과 인공위성 등 기술 문명의 발달은 시간과 공간을 벗어나려는 인간의 끊임없는 욕구 때문에 가능했습니다.

이제 우리는 스마트 인프라를 통해 시간과 공간의 제약에서 크게 벗어나는 게 가능해졌습니다. 스마트 기기를 갖고 있는 사람이라면 누구나 마음껏 그럴 수 있게 됐습니다. 물론 스마트 인프라에도 점점 유료 버전의 서비스들이 올라오고 있긴 하지만 여전히 무료로 이용할 수 있는 대체 서비스들이 쏟아지고 있고 유료라 하더라도 오프라인에 비해 매우 저렴합니다. 시간과 공간의 제약에서 자유로워질수록 우리의 사고, 느낌, 인식능력, 욕구는 확장될 것입니다. 스마트 시대는 전 세계에 스마트형 인간을 대량 양산하고 있습니다. 고립된 개인이 아니라 연결된 집단들을 끊임없이 팽창시키고 있습니다. 동떨어져 있는 것이 아니라 한데 뭉쳐 있다는 의식이 확장되고 있습니다.

스마트 인프라를 만든 기업들은 기존 대기업이 아닌 벤처기업이 었습니다. 애플, 구글, 페이스북, 트위터 등 스마트 시대의 초기 발전을 주도한 핵심 스마트 기업들은 하나같이 벤처기업에서 시작했습니다. 카카오톡, 카카오스토리로 한국을 사로잡고 글로벌 기업으로 거듭나고 있는 카카오도 출발점은 벤처기업입니다.

왜 스마트 시대의 주역들이 기존 글로벌 대기업이 아닌 벤처기업에서 등장했을까요? 스마트 인프라는 폐쇄성이 아니라 확장성을 가장 큰 특징으로 삼고 있습니다. 스마트 기기와 스마트 네트워크에 전 세계 사용자와 소비자들이 열광하는 이유는 바로 그것의 노마드적 확장성 때문입니다. 손 안에 쥔 스마트폰으로 전 세계와 연결되는 듯한 느낌을 주는 만족감인 것입니다.

확장하기 위해서는 미리 선을 그어 놓지 않아야 합니다. 단순히 제품에 담긴 기능만을 다람쥐 쳇바퀴 돌 듯 무한 반복해서 사용하는 따분함을 버려야 합니다. 스마트 인프라는 이 점에서 소비자들의 욕구를 정확히 잡아냈습니다. 아니, 정확히 말하자면 소비자들의 욕구를 새롭게 창출해 나갔습니다. 스마트 기업들은 소비자들의 욕구 깊은 곳에 놓여 있는 잠재 욕구를 정확히 포착한 것입니다. 그 욕구의 핵심은 정보에 대한 갈증이었습니다.

스마트 기업들은 소비자들이 갖고 있는 이중성을 정확히 파악했습니다. 스마트 시대에 소비자들은 통합과 확장을 동시에 원합니다. 게임, 음악, 영화, 뱅킹, 검색, 뉴스 등을 이용하기 위해 이리저리 헤매지 않고 내 손 안에 쥔 기기로 한방에 해결할 수 있는 스마트 기기가 등장하자 환호했습니다. 21세기 들어 빠르게 발전하기 시작한 IT 컨버전스 기술은 이런 욕구를 해결하기 위한 기술적 토양을 만들었고 스마트 기업들은 신속하게 이것을 현실에 적용해 나갔습니다. 스마트 시대의 소비자들은 '확장할수록 좋다'는 지향을 갖고 있습니다. 손 안의 스마트폰으로 글로벌 스마트 세계를 누비며 확장 욕구를 맘껏 충족하고자 합니다. 사용자들은 스마트 기기를 구입하는 순간 무한팽창하고 있는 정보와 스마트 네트워크와 연결될 기회를 갖게 됩니다.

바로 이 점 때문에 기존 글로벌 기업들은 스마트 인프라를 선도할 수 없었습니다. 컴퓨터, 하드웨어로 대표되는 셋톱박스 업체들은 알고 있었습니다. 스마트 시대가 열리면 자신들의 최대 강점이 오히려 단점이 될 것을 말입니다. 연결, 확장을 특징으로 하는 스마트 인프라는 고립성과 폐쇄성을 특징으로 하는 기존 IT 기기들을 신속하게 대체해 나가고 있습니다. 이미 스마트 인프라는 기존 전통 IT 기기들을 시대에 뒤떨어진 퇴물로 만들어 가고 있습니다. 스마트 인프라의 출현과 함께 디지털 카메라, 캠코더, 내비게이션, MP3, 게임기, USB, 녹음기의 판매는 크게 줄었고 생존을 위협받고 있습니다. 아직 진도는 덜 나갔지만 결국 스마트 기기는 유선 개념을 기초로 만들어진 PC와 여전히 무겁고 휴대하기 불편한 노트북을 대체할 것입니다. 기존 글로벌 기업들에 있어 스마트 인프라의 등장은 그야말로 저승사자의 출현이나 마찬가지입니다.

여기서 우리는 한 가지 의문을 품을 수 있습니다. 패러다임은 분명히 바뀌고 있었는데 왜 기존 글로벌 IT 기업들은 스마트 시대에 제대로 적응하지 못했을까요? 글로벌 IT 기업들은 수많은 엔지니어와 프로그래머들을 고용하고 있고 스마트 시대가 오기 전까지 글로벌 IT 기업들의 경영진은 아주 훌륭한 성과를 내고 있었는데 말입니다. 물론 일부 글로벌 IT 기업의 경영진은 스마트 시대의 도래를 과소평가했습니다. 한때 전 세계 휴대폰 시장의 절대강자였던 노키아가 바로 그렇습니다. 노키아는 아날로그 방식의 재래 휴대폰 시장에서 오랫동안 1위를 했고 그것이 '영원하기를' 바랐습니다. 노키아는 애플의 아이폰이 '스쳐 지나가는 엉뚱하고 무모한 도전'이기를 원했습니다. 스마트 시대에 대한 기술과 자본 투자를 전혀 하고 있지 않았으니 당연한 일이었겠죠. 하지만 현실은 냉혹했습니다. 노키아는 이제 군소업체로 전락하고 있습니다. 노키아는 나름대로 서둘러 스마트폰을 내놓았지만 이미 버스는 떠난 뒤였습니다.

글로벌 기업들은 현실에 안주하고 있었습니다. 먹이사슬의 최상위에 있으면서 최강자로 너무 오래 군림한 나머지 감각이 무뎌진 탓도 있지만 기본적으로 글로벌 기업들은 급격한 변화를 원하지 않았습니다. 그들은 기존 권력 구도에 완벽하게 적응해 그것을 주도하고 있었습니다. 그들은 국가·정치·경제권력이란 트로이카 권력 시스템에서 최상위를 차지하고 있었습니다. 기득권을 갖고 있는 그들 입장에서 스마트 시대의 도래는 한사코 분쇄해야 할 저항의 시작으로 비쳤을 것입니다.

바로 이것이 스마트 시대의 성공신화가 벤처기업에서 탄생한 이유가 아닐까요? 스티브 잡스(애플), 래리 페이지(구글), 마크 저커버그(페이스북)는 세상을 바꾸려는 이단아였습니다. 물론 그들이 가장 관심을 갖는 것은 다름 아닌 수익 창출일 것입니다. 하지만 그들은 수익을 창출하기 위해 완전히 새로운 블루오션을 열어 나갔습니다. 폐쇄가 아닌 개방을, 고립이 아닌 확장을 선택했고 전 세계 소비자들은 열광했습니다.

새로운 패러다임을 열기 위해서는 새로운 철학과 전략이 필요합니다. 스마트 기업들 중 구글은 개방에서 단연 돋보이는 조치를 취했습니다. 독자개발한 모바일 기기 운영체제인 '안드로이드 OS'를 전 세계에 개방한 것이 그것입니다(물론 이것에 대해서는 비판적인 시각도 나오고 있습니다. 구글은 안드로이드 개방의 이유로 소비자 이익을 내세웠지만 실제 이는 휴대폰 제조사와 통신사, 그리고 관련 개발업체들에 대한 개방에 불과하다는 해석입니다. 애플에 비해 후발업체였던 안드로이드 입장에서 치고 나가기 위해서는 과감한 개방전략으로 관련 업체들을 유혹할 필요가 있어서 그랬다는 것입니다. 비판자들은 안드로이드가 소비자친화적인 사용자인터페이스를 제공하지 않는 데 주목했습니다). 이런 과감한 전략은 기존 글로벌 IT 강자들과 비교하면 파격적인 조치였습니다. 구글은 개방전략으로 엄청난 성과를 내고 있습니다. 기존 강자들이 이것을 '유치한 모험'으로 평가절하하며 자위하고 있을 때 말입니다.

애플은 중간 형태의 전략을 선택했습니다. 폐쇄와 개방 사이에서 절묘하게 자신의 해법을 찾았습니다. 바로 '애플 생태계의 완벽한 구현'이란 전략입니다. 애플 생태계는 다른 생태계에 배타적인 폐쇄성을 추구하지만 생태계 안에서는 완벽한 호환과 개방과 확장을 구현하고자 합니다. 아이팟-아이맥-아이패드-아이폰-스마트 TV로 포트폴리오를 완성하고 그것을 아이튠즈, 앱스토어, 아이클라우드로 연결하는 전략입니다. 스마트 기기와 스마트 네트워크의 완벽한 결합을 추구하고 있습니다.

트위터는 애플이나 구글처럼 새로운 기기를 창출하는 대신 철저하게 개방네트워크로 승부해 성공하고 있습니다. 블로그의 인터페이스와 미니홈페이지의 친구맺기 기능, 메신저 기능을 한데 모아 글로벌 SNS를 제공하기 시작했습니다. 트위터의 가장 큰 특징은 상대방이 허락하지 않아도 일방적으로 팔로어로 등록할 수 있다는 점입니다. 이 완전개방 정책은 트위터의 스피드와 확장성에 날개를 달아줬습니다. 트위터는 정보를 가장 빨리 실시간으로 주고받는 채널로 각광받기 시작했고 속보에선 세계 최고라는 CNN을 압도했습니다.

페이스북의 성공은 스마트 시대에 개방이 얼마나 중요한 정책인지를 여실히 보여주는 사례입니다. 2004년 개설될 당시만 해도 하버드 학생만 이용할 수 있는 제한된 서비스였습니다. 하지만 서비스 한 달 만에 폭발적인 인기를 바탕으로 스탠포드, 콜롬비아, 예일 등 주요 대학으로 서비스 제공 범위를 넓혔고 두 달 만에 MIT, 보스톤 등 모든 아이비리그 대학으로 확산됐습니다.

이듬해 2005년 말에는 미국 등 7개국 2000개 이상의 대학과 2만 5000개 이상의 고등학교에 네트워크가 깔렸습니다. 이어 2006년 9월 이메일 주소를 가진 13세 이상의 모든 사람에게 개방되며 SNS 분야 선두주자로 나섰고 가입자 10억 명 이상의 거대 기업으로 발돋움했습니다.

스마트 이단아들의 도전은 단순히 IT 세계의 변화뿐 아니라 산업·경제·사회·문화·생산·소비 등 21세기 사회 전반을 완전히 바꾸고 있습니다. 그들이 의도했건 아니건 스마트 시대로의 진입은 완전히 새로운 패러다임의 도래를 뜻합니다. 그것은 폐쇄에서 개방으로, 고립에서 확장을 선택한 결과입니다. 그 과정에서 스마트 의지와 스마트 권력이 출현하고 있습니다.

스마트 기기는 이제 정보 습득이나 전달, 신변잡기식 커뮤니케이션 수단을 뛰어넘고 있습니다. 스마트 산업은 가장 유망한 첨단산업 부문일 뿐 아니라 생존을 위해서는 반드시 적응해야 할 필수 코스가 됐습니다. 스마트 산업은 산업, 경제의 모든 측면을 파고들어 완전히 새로운 패러다임을 만들고 있습니다. 왜냐하면 스마트 기기와 스마트 네트워크는 글로벌 사용자들을 거대한 소비자 집단으로 묶기 때문입니다. 스마트 소비자들은 고립된 단일 제품의 소비자에 비해 놀라운 충성도와 집중력을 보여 줍니다. 스마트 소비자들은 또 개방과 확산이란 스마트 시대 고유의 특성에 따라 지금까지 존재하지 않았던 유연성과 확장성을 보입니다. 이런 소비 성향과 욕구 변화에 적응하지 못하는 기업들은 퇴출이란 가혹한 운명을 피할 수 없게 됐습니다.

과거 권력은 '총구'에서 나왔습니다. 선사, 고대, 중세 시대까지 그랬습니다. 근대와 현대에 접어들며 '밥상'을 잡은 쪽이 권력을 움켜쥐게 됐습니다. 경제가 중요해진 것입니다. 앞에서 살펴봤듯 경제권력이 국가·정치권력보다 우위를 차지한 이유입니다.

하지만 이제 권력과 부는 '엄지'에서 나오기 시작했습니다. 손 안의 스마트폰을 정점으로 한 스마트 인프라에서 엄지의 역할은 매우 중요합니다. 단 한 사람의 엄지가 아니기 때문입니다. 엄지들의 클릭이 모여 거대한 스마트 정보와 네트워크로 뭉치고 다시 스마트 의지와 스마트 권력으로 확장되고 있습니다.

어떻게 엄지에서 스마트 의지와 스마트 권력으로 이어지는 것일까요? 스마트 의지와 스마트 권력은 현실에서 힘을 발휘하는 실체일까요? 그렇다면 스마트 권력의 힘은 과연 어느 정도까지 커질 수 있을까요? 이제 우리의 시선은 스마트 권력으로 향합니다.

스마트 권력이 바꾸고 있는 것들

PART 5

■ ■ ■

2012년 4월에 치러진 제19대 국회의원 선거에서 매우 특이한 현상이 나타났습니다. 여야는 하나같이 파격적인 복지 확대 정책을 선거 공약으로 내걸었습니다. 심지어 보수정당인 새누리당의 경우 복지 정책만 봐서는 여당의 정책이라고 생각하기 어려울 정도로 '좌클릭' 양상을 보였습니다. 새누리당은 과거에는 말을 꺼내는 것조차 꺼리던 '경제 민주화'를 아예 선거 핵심 정책으로 설정했습니다. 대기업과 중소기업의 동반성장을 얘기하기 시작했고 심지어 재벌개혁의 필요성을 천명하기도 했습니다(하지만 보수정당인 새누리당은 선거가 본격화하자 전통적 지지세력인 보수세력, 즉 '집토끼'를 잡기 위해 슬그머니 경제 민주화, 재벌개혁 등을 정책 전면에서 내렸습니다. 이것은 새누리당의 좌클릭이 선거에서 이기기 위한 단기 전략이었다는 것을 말해 줍니다. 분열 위기에 놓인 당을 추스르고 선거에서 승리하기 위해 사용한 극약처방인 셈이었죠).

이유야 어떻든 보수진영에서는 새누리당의 행보에 대해 우려의 목소리를 쏟아 냈습니다. "정체성을 상실했다", "시류에 편승했다", "무차별적인 포퓰리즘에 여당이 굴복했다"는 비판이 봇물처럼 터져 나왔습니다. "설마 우리의 새누리당이 그렇게까지 하겠냐"는 믿음도 없지 않아 있었겠지만 자칫 새누리당의 좌클릭이 단기 현상이나 일시적인 선거 전략 차원이 아니라 장기 변화로 이어질 수도 있다는 위기의식이 팽배했습니다.

왜 새누리당은 짐짓 파격 변신을 시도한 것일까요? 이유는 간단합니다. 선거에서 이기기 위한 고육지책이었습니다. 경제 민주화를 얘기해야 표를 얻을 수 있다는 것을 새누리당의 비상대책위원회는 본능적으로 깨달았습니다. 집토끼를 지키는 것만으로는 부족했습니다. 집토끼가 과연 얼마나 유지되고 있는지조차 의심스런 상황에서 모험은 불가피했습니다(선거 결과 예상과 달리 새누리당은 수도권과 호남을 뺀 다른 지역에서 압승을 거뒀습니다. 물론 나꼼수 김용민 후보의 막말 파문 등 여러 변수가 있었지만 이 같은 변신이 새누리당에 대한 반감과 이탈을 상당 부분 줄여준 것으로 보입니다).

정치권력과 정당은 국가권력과 경제권력에 비해 시류에 더욱 민감합니다. 여론이 어디로 흘러가는지, 민심이 어떤 선택을 할 것인지 촉각을 곤두세우게 됩니다. 특히 국회의원 선거, 대통령 선거와 같은 결정적인 이벤트가 닥치면 정치권력과 정당은 표를 그러모으기 위해 눈에 불을 켜고 전력질주해야 합니다. 제1당의 위치를 빼앗기거나 대통령 선거에서 패하면 어떤 슬픔이 닥칠지 이미 경험했기 때문입니다. 정당이 무엇입니까? 정당은 정치적인 주의나 주장이 같거나 비슷한 사람들이 정권을 잡고 정치적 이상을 실현하기 위해 조직한 단체입니다. 정당의 제1목적은 정권 장악입니다. 제아무리 고상한 비전과 목적과 이상을 내세운다 해도 정당은 어디까지나 권력을 잡기 위해 존재하는 조직입니다. 국회에서 군소정당이나 원외 단체로 전락하면 그 정당은 있으나 마나 한 게 됩니다. 아무도 신경

쓰지 않는 무기력한 존재로 연명하게 됩니다.

새누리당은 날개 없이 추락하는 지지율 곡선을 바라보며 절망했습니다. 왜 지지율이 떨어지는지 이유를 분석한 결과 내놓은 대책이 복지의 전면적인 확대, 경제 민주화, 재벌개혁이었습니다. 다급했던 만큼 과감한 승부수를 띄울 수밖에 없었던 것입니다.

절박한 것은 야당도 마찬가지였습니다. 여당의 추락이 곧 야당의 상승으로 이어진다는 과거 상식은 통하지 않았습니다. 야당에 대한 비판과 질책의 목소리도 만만치 않았습니다. 여당에서 이탈한 세력의 발걸음이 곧장 야당을 향하지 않고 부동표로 떠돌기 시작했습니다. 국회와 정치에 대한 국민적 불신과 외면이란 해석이 나왔습니다. 국민들은 정치인과 국회를 믿지 못하고 있고 쉽게 자신의 마음을 주지 않는 현상이 점점 강해지고 있습니다. "그 놈이 그 놈이지. 정권이 바뀐다고 뭐가 달라지겠냐" 하는 불신이 국민들 사이에 확산되고 있습니다.

왜 이렇게 정치권력과 정당들이 위기에 내몰리고 있는 것일까요? 왜 그들이 외면당하거나 심지어 조롱의 대상으로까지 전락하고 있을까요? 왜 정치권력과 정당들은 상황에 따라 이런저런 가면을 다급하게 갈아 쓰며 국민들에게 추파를 던지고 있을까요? 여러 이유가 있겠지만 스마트 권력이 등장해 정치권력과 정당들을 강하게 압박하기 시작한 게 주된 이유 중 하나입니다. 선거에서 기어이 이겨야 하는, 또는 지더라도 질서 있는 후퇴를 할 수 있어야 하는 정당들은 스마트 권력의 등장에 잔뜩 긴장하고 있습니다. 낯설고 다루기 어려운 '센 놈'이 등장했기 때문입니다. 단순히 국민 여론의 일시적인 변덕이라고 치부해버릴 수 없는 근본적인 변화가 일어나고 있기 때문입니다. 정치권력과 정당이 국가권력과 경제권력의 만류에도 불구하고 여론에 심하게 '아부'하기 시작한 것은 다 이유가 있습니다.

우리는 앞에서 스마트 권력을 스마트 인프라와 평등의지가 결합해 기존 권력에 저항하는 힘이라고 정의내렸습니다. 스마트 권력은 사실 반권력이라 할 수 있습니다. 권력이 남을 지배하며 각종 권한을 행사하고 이익을 빼앗는 힘이라면, 반권력은 이런 권력에 맞서 속박에서 벗어나려는 의지입니다. 근대 민주주의 체제를 연 프랑스 혁명, 영국의 명예혁명 등은 엄밀하게 말해 반권력 운동이 아닙니다. 물론 그 시작은 반권력 의지에서 비롯됐을 것입니다. 억압에 짓눌리던 기층 민중들의 분노 에너지는 혁명을 유지하고 성공시킨 핵심 동력이었습니다. 하지만 혁명 결과 부르주아 계급이 권력의 정점에 자리 잡았고 기층 민중들은 매우 세련되지만 여전히 많은 것을 빼앗는 권력 구조의 등장을 목격하게 됩니다.

반권력 현상은 인류 역사상 숱하게 나타났습니다. 선사 시대에도 반권력 시도가 있었을 것이고, 고대, 중세, 근대에 일어난 민중 봉기들도 반권력 운동의 성격을 지닙니다.

지금까지 반권력 운동은 대부분 손쉽게 기존 권력에 의해 제압당했습니다. 왜 그랬을까요? 지금까지 인류 역사상 등장했던 반권력 의지와 운동은 대부분 모래알처럼 쉽게 흩어질 수밖에 없는 운명을 지녔습니다. 어떤 운동이 단합하고 응집해 그 목적을 이루기 위해서는 무엇보다 안정적인 조직을 갖춰야 합니다. 자신들이 원하는 목적을 명확히 인식하고 그 목적에 대한 열정과 충성심을 되도록 많은 사람들에게서 이끌어낼 수 있어야 합니다. 거듭 실패와 좌절에 부딪히더라도 굴하지 않고 목표를 향해 끊임없이 전진하는 지속성을 갖춰야 합니다.

지금까지 등장했던 반권력 의지와 운동은 이 같은 성공 요건을 갖추지 못했습니다. 왜 그랬을까요? 반권력 의지와 운동은 분노에서 출발합니다. "이대로는 못 살겠다" "이래 죽으나 저래 죽으나 마찬가지다. 들고일어나자"라는, 슬픔과 분노와 감정에서 시작한 경우가 대부분입니다. 분노만으로는 안정적인 조직을 만들거나 유지할 수 없습니다. 집단분노는 매우 강력한 폭발력을 지닌 에너지로 바뀔 수 있지만 연쇄 폭발을 일으킬 지속성을 갖기 어렵습니다. 왜 자신이 분노하는지조차 명확히 알지 못하는 상황이라면 더욱 그렇습니다. 안정적으로 조직된 힘과 강력한 욕망을 지닌 권력 앞에서 반권력 분노는 쉽게 무릎을 꿇을 수밖에 없었습니다.

하지만 스마트 권력이 등장하며 상황은 달라지고 있습니다. 스마트 권력은 스마트 인프라를 통해 전 세계에 스마트 정보를 무한대로 확장시키고 있습니다. 아프리카 외딴 나라에서 벌어진 권력의 학살과 횡포가 실시간으로 전 세계에 알려집니다. 위키리크스에서 보듯 기존에는 권력의 독점 아래 엄격하게 통제되고 관리되던 정보들이 전 세계로 흘러넘치고 있습니다. 국가·정치·경제권력의 추악한 모습이나 엉뚱한 행보를 담은 정보들이 스마트 인프라를 타고 전 세계로 확산되고 있습니다.

스마트 권력은 과거 다른 반권력 운동과 달리 안정적인 그릇을 갖고 있습니다. 바로 스마트 인프라입니다. 전 세계가 실시간으로 연결되는 네트워크를 이미 갖고 있는 것입니다. 언제 어디서라도 손 안의 스마트폰으로 스마트 인프라와 스마트 저장고에 접속하면 세계 곳곳에서 일어나고 있는 정치·경제·사회·문화 현상에 대한 무한정한 정보를 얻을 수 있습니다. 스마트 인프라와 스마트 정보는 점점 많은 사람들을 스마트 의지를 지닌 스마트형 인간으로 바꾸고 있습니다. 스마트 정보와 스마트 의지는 엄지에서 출발하지만 거대한 스마트 저장고에 모여 전혀 새로운 힘을 갖기 시작했습니다. 역사상 가장 강력한 정보력과 네트워크를 지닌 세력이 등장한 것입니다.

스마트 권력은 쉽게 꺾을 수 없는 현상이자 운동입니다. 과거 특정 지역과 계층에 국한돼 일어났던 반권력 운동은 기존 권력 또는 새로 부상하는 대체 권력에 의해 결정타를 입게 되면 쉽게 흩어졌습니다. 실패와 좌절을 딛고 일어설 수단이 턱없이 부족했기 때문입니다. 하지만 스마트 권력은 스마트 인프라라는 강력한 무기를 갖고 있습니다. 스마트 권력의 형성과 확산에 참여하는 사람을 눈으로 확인하고 억압할 수 있는 구조가 아닙니다. 유령처럼 언제 어디서, 얼마나 많은 적이 출몰할지 모르는 상황에 놓였다면 가공할 공포를 느끼게 됩니다. 마치 그 옛날 몽고군이 상대를 벌벌 떨게 했던 것처럼 말입니다.

반권력 운동인 스마트 권력은 반反물질에 가깝다고 할 수 있습니다. 반물질이란 물질과 반대되는 것으로, 우주에 아주 소량만 남아 있는 것으로 추정됩니다. 지금까지 진행된 연구에 따르면 물질과 반물질이 만나면 둘 다 사라지며 빛과 열에너지로 바뀐다고 합니다. 반물질이 공기나 땅, 기타 주변의 물질과 반응할 때 엄청난 열과 빛을 내는데, 그 에너지는 핵폭탄보다 훨씬 강한 것으로 알려져 있습니다. 반물질의 에너지를 활용하면 인류 역사상 가장 강력한 무기를 만들 수 있을 것으로 여겨집니다. 스마트 권력은 반물질처럼 기존 권력과 부딪혀 강력한 에너지를 뿜어낼 것입니다. 그 충돌이 아주 미미하더라도 일단 스마트 인프라와 스마트 정보를 올라타면 전 세계로 강력한 충격파를 보내게 됩니다.

우리는 무엇으로 스마트 권력의 출현을 알 수 있을까요? 정치 무관심 세대로 여겨지던 10~20대에서 정치참여 의식이 갈수록 높아지고 있는 데서 스마트 권력의 싹을 볼 수 있습니다. 트위터나 페이스북을 통한 '투표 인증샷 놀이'는 혈기왕성한 젊은이들이 재미 삼아 하는 놀이에 그치지 않습니다. 그것은 저항이고 분노의 표출입니다. 스펙 쌓기에 내몰리고 아무리 공부를 열심히 하고 준비를 많이 해도 취직할 곳이 없는 그들의 슬픔과 분노가 스마트 인프라와 스마트 정보에 담기기 시작한 것은 당연합니다. 투표 인증샷 놀이는 "이제 그저 슬퍼하거나 분노하지만 말고 투표로 우리의 목소리를 그들에게 전달하자"는 각성의 스마트적 표현인 것입니다. 트위터, 페이스북, 유튜브와 같은 SNS의 힘은 미국 선거에서도 여실히 증명됐습니다.

스마트 권력이 등장하고 그 모습을 갖춰 가면서 세계 곳곳에서 젊은이들의 정치·사회 참여가 크게 늘고 있고 이들의 운동에 점점 많은 사람들이 동참하고 있습니다. 신자유주의와 탐욕스런 자본가들에 맞서 월 가를 점령한 시위는 젊은이들의 분노에서 시작됐습니다. 이 시위는 월가에 맞선 반反 월가 운동이었습니다. 처음에는 젊은 학생들이 시위를 일으켰지만 이에 공감하고 있던 노동자, 실업자 심지어 화이트컬러들까지 몰려들어 거대한 운동으로 발전했습니다. 급기야 유명 감독과 배우, 정치인들이 동조했고 대통령까지 시위를 독려하며 지지의사를 밝혔습니다.

미국의 반 월가 시위는 매우 상징적입니다. 월가는 미국 주도의 신자유주의 체제를 상징하는 장소입니다. 자본주의의 성지인 셈입니다. 그곳에서 시위 참여자들은 자본주의와 자본가들의 무한 욕망과 탐욕, 횡포를 고발했습니다. 자본주의와 대의 민주주의라는 미명 아래 착취에 열중하고 있는 탐욕스런 자본가들에 대한 분노를 솔직히 표출했습니다. 경제 불황, 일자리 감소, 수익 감소로 대다수가 힘들어지는 상황에서 탐욕스런 자본가들은 국가·정치권력과 결탁해 오히려 더 많은 이익을 가져가고 있는 현실을 고발한 것입니다. 엄청난 재정(국민의 세금)을 투입해 미국 월가의 금융회사들을 살려냈음에도 회사가 이익을 내자마자, 혹은 심지어 여전히 적자에 허덕이면서도 엄청난 스톡옵션과 연봉부터 챙긴 탐욕에 대한 응징이었습니다.

반 월가 시위는 트위터, 페이스북, 유튜브를 타고 전 세계에 생생하게 중계됐습니다. 그들이 무엇을 원하고 있는지, 그들이 어떤 표정을 짓고 있는지, 그들의 분노와 고통과 요구가 무엇인지 시위자들 입장을 실시간으로 확인할 수 있었습니다. 이것을 보는 세계 각지의 접속자들은 무엇을 느꼈을까요? "세계 절대강자이자 자본주의 최강국인 미국에서조차 이렇구나" "그래, 맞아. 자본주의의 횡포를 이제 마냥 참을 수만은 없지" 하는 생각이 들지 않았을까요? 스마트 인프라와 스마트 정보를 타고 확산된 월가의 생생한 모습은 억눌린 채로 참고 지냈던 이들의 분노에 새로운 동력을 주지 않았을까요? 표현하지 않는 분노는 굴종이라는 각성을, 이제는 마냥 참고 있지 않겠다는 의지를 불러일으켰을 것이라고 미루어 짐작할 수 있습니다.

'아는 것이 힘'이라고 합니다. 그렇습니다. 스마트 시대에 우리는 인류 역사상 가장 큰 무기를 갖게 됐습니다. 우리의 의지와 생각과 판단과 분노를 표출할 강력한 채널을 손에 쥐게 됐습니다. 스마트 인프라와 스마트 정보는 스마트 의지와 스마트 인류를 만들고 이것은 전 세계적인 스마트 권력의 형성으로 이어지고 있습니다. 몇몇 소수의 손에 독점됐던 정보 통제의 시대가 막을 내리고 수많은 사람들이 정보를 만들고 올리고 교환하고 확산시키는 소통의 시대가 열리고 있습니다.

스마트 인프라와 스마트 정보 그리고 스마트 의지는 평등의지와 찰떡궁합입니다. 정보 확산과 유통, 즉 전 세계적인 소통을 위한 채널은 자유와 평등을 향한 의지가 맘껏 그 에너지를 표출할 수 있는 토양이기 때문입니다.

스마트 권력은 여러 형태로 끝없이 확장되고 있습니다. 스마트폰으로 찍은 영화, 스마트폰으로 만든 소설, 스마트폰으로 그린 미술, 스마트폰으로 만든 광고 등은 초기 형태일 뿐입니다. 스마트 인프라를 타고 평등의지와 결합한 다양한 형태의 스마트 정보와 의지가 끊임없이 생산되고 확산되고 있습니다. 그 과정에서 스마트 권력은 정치·경제·사회·문화·예술·산업 각 영역으로 스며 들어가고 확장될 것입니다.

그렇다면 우리는 어떻게 스마트 권력의 출현을 확인할 수 있을까요? 기존권력 시스템에서 나타나는 균열이 그것을 잘 말해 줍니다.

반권력의 성격을 지닌 스마트 권력은 기존 권력 시스템과 충돌할 수밖에 없습니다. 국가·정치·경제권력은 저마다 스마트 권력이란 충격을 흡수하기 위해 노력하는 과정에서 서로 갈등과 균열을 겪고 있습니다. 쉽게 제어하기 어려운 '아주 센 놈'이 등장했으니 그럴 수밖에 없는 것입니다.

스마트 권력의 등장으로 기존 권력들은 좌충우돌하고 있습니다. 스마트 권력은 반권력 운동이기 때문에 현 권력 체제의 작동 방식에 저항합니다. 기존 권력은 스마트 권력이란 충격 앞에서 이것을 어떻게 흡수해야 할지, 어떻게 통제해야 할지 갈팡질팡하고 있습니다.

스마트 권력의 작동 방식은 기존 권력 시스템의 운영 방식과 완전히 다릅니다. 기존 권력이 행정조직, 정당, 대기업 중심으로 운영되고 있는 반면 스마트 권력은 응집과 확산이란 이중성을 지닌, 아주 유연한 작동 방식을 통해 형성되고 확산됩니다. 스마트 권력은 네트워크를 타고 흘러 다니는 운동이기 때문에 지금까지 조직이나 기구로는 담을 수 없습니다. 스마트 권력은 마치 유령처럼 모호한 듯하지만 일단 특정 이슈나 사안에 스마트 의지가 결합되면 엄청난 집중력과 확산성을 보여 줍니다. 스마트 권력에는 딱히 '이것이 바로 스마트 권력의 주체다'라고 말할 수 있는 중심세력이 없습니다. 기존 권력 시스템은 소수집단이 주인공이 되어 통제하고 관리합니다. 하지만 스마트 권력에는 기존 권력의 소수집단 같은 집단이 등장하기 어렵습니다.

우리는 여기에서 매우 중요한 차이점을 알 수 있습니다. 기존 권력은 수직적·통제적 관계에 의존하고 있는 반면 스마트 권력은 수평적·협력적 관계로 형성되고 확산되고 있다는 점에 주목해야 합니다. 기존 권력은 법, 규제, 질서, 경제 원리 등을 강조하며 국민들을 정해진 틀에 맞추는 데 집중하고 있습니다. 명령을 내리고 훈계하고 제재하는 권력입니다. 이에 비해 스마트 권력은 폭로하고 조롱하고 거부하는 운동 형태를 띠고 있습니다. 스마트 정보와 의지는 한쪽이 다른 쪽을 일방적으로 통제하거나 제재하려는 의도를 거대한 흐름 속에 묻어버립니다. 무한확산과 증폭이란 성격을 지닌 스마트 세계는 모든 대륙의 강을 받아들여 의연한 흐름을 유지하는 바다와 같습니다.

하향식 명령 내리기와 통제에 익숙한 기존 권력은 그래서 스마트 권력의 등장에 어리둥절할 수밖에 없습니다. 도무지 어디에서부터 손을 대야 할지 난처하기 때문입니다. 스마트 권력을 형성하고 유지시키는 핵심 세력이 있다면 그 세력을 통제하고 처벌하고 또는 아예 가둬버리면 그만입니다. 하지만 그 핵심 세력이 보이지 않습니다. 지금까지는 핵심 정보를 국가기관, 정당, 대기업 등 권력 핵심부에서 철저히 통제하는 게 가능했습니다. 하지만 스마트 의지와 스마트 권력의 등장으로 이 같은 정보 독점이 불가능해졌습니다. 스마트 권력의 형성·확산에 기존 권력 내부의 사람들도 참여하고 있다는 것은 분명합니다. 양심과 상식과 도덕에 어긋나는 일을 어쩔 수 없이 하고 있던 내부 고발자whistle blower들은 바다 같은 성격을 지닌 스마트 세계에서 과감히 폭로하고 고발하는 용기를 얻습니다.

먼저 나선 것은 정치권력입니다. 앞에서 살펴봤듯 정치권력과 정당의 제1목표는 선거에서 승리해 집권하는 것입니다. 그럼 이 목표를 이루려면 어떻게 해야 할까요? 스마트 의지와 스마트 권력이 출현해 선거에 큰 영향력을 발휘하기 시작하자 정치권력과 정당은 어쩔 수 없이 '아부'해야 할 필요성을 느꼈습니다. 트위터, 페이스북, 유튜브 등 스마트 인프라를 애써 외면하던 보수 정당의 의원들은 갑자기 너도나도 '스마트형 의원'이 되기 위해 나서고 있습니다.

그 결과는 어떻습니까? 보수정당인 새누리당은 '과거와의 단절'을 모토로 제시하며 스마트 권력의 요구를 받아들이기 시작했습니다. 예전에는 애써 외면하던 경제 민주화, 복지 확대 등이 그것입니다. 하지만 보수정당 입장에서 이 같은 변화는 위험한 줄타기입니다. 스마트 의지와 스마트 권력을 어디까지 받아들여야 하는지, 자신의 정체성을 유지하기 위해서는 어느 선에서 타협해야 하는지 애매모호합니다.

새누리당과 경제수석 부처인 기획재정부 사이에 벌어진 포퓰리즘 논쟁은 이 같은 어려움 속에서 필연적으로 나타나게 된 갈등이었습니다. 박재완 기획재정부 장관은 공개적으로 여당의 포퓰리즘을 비판했습니다. 포퓰리즘 식의 과도한 복지가 국가 재정건전성을 해치고 결국 국가경제와 민생을 어렵게 할 뿐이라는 기존 권력의 입장을 충실히 반복했습니다. 여기에 국무총리와 청와대 경제수석까지 가세하며 여야를 뭉뚱그려 맹공을 퍼붓기 시작했습니다. 미국의 경제일간지 《월스트리트저널》이 사설을 통해 박재완 장관을 미국과 유럽으로 스카우트하자고 주장한 것은 의미심장합니다. 《월스트리트저널》은 과잉 복지로 몸살을 앓고 있는 선진국에서 박 장관처럼 쓴 소리를 하는 관료가 필요하다고 치켜세웠습니다. 미국 역시 스마트 권력의 출현과 확산으로 국가권력이 도전받고 있는 가운데 자신들의 입장을 대변해 주는 아주 좋은 사례를 한국에서 찾아냈고 그래서 대환영한 것입니다.

이에 대해 새누리당은 '정당 정책에 정부가 직접 시비를 거는 일'이 온당치 않다며 맞받아쳤습니다. 새누리당은 섭섭함을 넘어 불쾌감과 거부감을 보였습니다. 가뜩이나 여론이 등을 돌려 선거에서 이기기 힘들어 지고 있는데 정부마저 공격을 해 대니 그럴 수밖에 없었겠지요.

기획재정부는 한술 더 떠 2012년 4월 총선을 불과 7일 남겨 둔 시점에 각 정당의 복지공약에 대한 분석결과를 언론에 발표하며 심각한 우려를 표명했습니다. 이에 대해 선거관리위원회는 사전 경고를 무시한 기획재정부에 대해 공직선거법 9조(중립의무)를 위반한 것이라며 준수 요청 공문을 보내고 이런 사례가 재발되지 않도록 주의를 촉구했습니다. 선관위는 "유권자의 판단에 부당한 영향력을 미쳐 선거 결과를 왜곡하는 것으로밖에 볼 수 없다"고 밝혔습니다. 심지어 "노무현 (전) 대통령의 (선거법 위반) 사례보다 정부 부처가 조직적으로 동원된 이번 일은 훨씬 더 심각한 사안"이라고 경고했습니다. 기획재정부의 불순한 행동은 포퓰리즘에 대한 우려를 경제 수석 부처가 공식 제기했다는 점에서 보수세력의 표 집결을 겨냥했다는 해석을 낳았습니다. 하지만 새누리당은 "선관위의 결정이 정당했다"며 선거 중립 의무를 위반한 기획재정부에 대해 짐짓 경고하는 모습을 취했습니다.

이 같은 포퓰리즘 논쟁은 스마트 권력의 등장에 따라 국가권력과 정치권력이 충돌한 사례라 할 수 있습니다. 여론 동향에 보다 더 촉각을 곤두세워야 하는 정치권력 입장에서 국가권력 기구의 반대는 '한가로운 탁상 논리'였던 것입니다.

하지만 국가권력도 스마트 권력의 도전에 맞서 마냥 '무시 전략'으로 일관할 수는 없었습니다. 스마트 권력의 확산에 따라 국가권력도 최소한의 태도 변화가 필요하다고 느꼈고 제한적이나마 대응에 나섰습니다. 이명박 정부는 선거 공약이었던 '747 공약(7%대 경제성장률, 4만 달러 국민소득, 7대 경제강국 달성)'을 집권 중반까지 공식 포기하지 않았습니다. 이미 달성하기 어려운 공약이라는 게 너무 뻔해졌지만 명분과 희망만큼은 가져가려 했습니다. 자존심이 걸린 문제였기 때문입니다. 하지만 현실은 747 공약과 점점 더 멀어졌고 결국 집권 후반기에 가서야 슬그머니 747 공약을 내려놓았습니다. 하지만 "현실을 감안해 정책 조정을 하는 것일 뿐 공식 포기는 절대 아니다"라고 끝까지 알량한 자존심을 유지하려 했습니다.

이런 이중적인 태도는 각종 정책의 뒤죽박죽 현상으로 이어졌습니다. 변화가 자발적인 것이 아니고 강제된 것이기 때문입니다. 이명박 정부는 자존심과 현실 사이에서 서성이며 이슈와 사안별로 그때그때 다른 모습을 취했습니다. 어떨 때는 기존 정책을 그대로 밀어붙이려 했고 또 다른 때는 현실을 최대한 고려하는 유연한 모습이고자 했습니다.

이명박 정부는 '성장 신화의 탄생'이란 고집을 끝까지 버리려 하지 않았습니다. 여론의 동향을 읽은 정치권력이 정책 축을 성장에서 분배로 옮기라고 줄기차게 요구했지만 착각에 빠져 있는 이명박 정부는 이를 쉽게 받아들이지 않았습니다. 하지만 무턱대고 무시할 수도 없었습니다. 스마트 권력과 현실의 도도한 흐름에 '무시 전략'으로 맞선다는 것은 허영과 사치일 뿐입니다.

결국 이명박 정부는 타협책을 내놓기 시작했습니다. 핵심 경제정책으로 내걸었던 '비즈니스 프렌들리(기업 친화정책)'를 접고 경제권력에 보다 많은 양보를 요구하기 시작했습니다. 이명박 정부의 출범 이후 개점휴업 상태였던 공정거래위원회가 나서서 공정질서 준수,

협력업체와의 공정거래 강화, 계열사 일감 몰아주기 근절 등으로 대기업을 압박하기 시작했습니다. 동반성장위원회를 만들어 대기업과 중소기업 사이에 자행되고 있는 각종 불평등, 불법·탈법 행위에 태클을 걸기 시작했습니다. 중소상인의 생계를 위협하는 대기업의 기업형 슈퍼마켓을 제한하고, 제과·식품 등 중소기업 적합업종에서 대기업이 철수하도록 요구하기 시작했습니다.

경제권력의 반응은 어땠을까요? 처음에는 짐짓 정부의 조치에 협력하는 태도를 취했습니다. 트로이카 권력을 이루고 있는 국가권력과 정치권력이 동시에 요구하는 것이었던 만큼 마냥 무시할 순 없는 노릇이었습니다. 대·중소기업 동반협력 관계 강화라는 명분 아래 각종 경영방침을 내놓기 시작했습니다. 그 과정에서 하청·협력업체와의 성공 사례를 대서특필하며 생색을 내는 것도 잊지 않았습니다. 보수언론은 큼지막하게 지면을 할애해 이러한 성공 사례를 자세히 전달했습니다. 기업형 슈퍼마켓에 대한 제한 조치도 겉으로는 받아들이는 척 했습니다. 중소기업 적합업종의 철수 요구에도 "원칙적으로 그렇게 하겠다"고 했고 일부 대기업은 실제 철수하기도 했습니다.

정부와 정치권은 정권 재창출의 가능성이 점점 낮아지자 재계에 대한 요구 수위를 점점 높여갔습니다. 하지만 마냥 밀릴 수는 없었습니다. 경제권력은 앞에서 살펴봤듯 트로이카 권력의 최상위를 차지한 핵심 권력입니다. '내가 너희를 먹여 살리고 있다'는 우월감을 내면 깊숙이 갖고 있습니다. 계속 밀리자 경제권력은 맞불을 놓기 시작했습니다.

결국 트로이카 권력 간에 치열한 갈등이 벌어지기 시작했습니다. 국가·정치·경제권력 간에 서로 물고 물리는 아귀다툼이 나타났습니다. 3자 간 갈등은 배타적인 욕망 때문에 비롯된 것입니다. 트로이카 권력이 손을 맞잡은 것은 협력 속에서 자신의 욕망을 더욱 키울 수 있었기 때문입니다. 상대적으로 진보성향을 지녔던 김대중·노무현 정부 아래에서 굴욕의 세월을 보낸 만큼 서로의 차이점보다는 동질성에 주목했었던 것입니다.

하지만 불안한 동거는 오래갈 수 없었습니다. 스마트 의지와 스마트 권력의 출현으로 상황이 급변했습니다. 정치권력과 국가권력은 자신의 욕망을 유지하기 위해 경제권력에 양보를 요구했습니다. 경제권력이 지금처럼 욕망을 맘껏 채우지 말고 조금 양보해 정권을 재창출하는 게 훨씬 낫다고 타일렀습니다. 정치권력의 요구에서 시작한 압박은 국가권력의 직접적인 제재 가능성으로 수위가 높아졌습니다. 국가권력은 정치권력과 경제권력 사이에서 합리적인 중재자 역할을 자처했지만 상황이 녹록하지 않게 되자 압박 강도를 높여갔습니다. 처음에는 고분고분했던 경제권력은 국가·정치권력의 요구가 도를 넘었다고 판단하자 반격에 나섰습니다.

상호 긴장 속에서도 협력관계를 그나마 유지하던 트로이카 권력의 균열은 어떤 양상으로 진행될까요? 경제권력이 어디까지 양보할 수 있을까요? 과연 국가권력과 정치권력은 경제권력을 지속적으로 압박할 끈기를 갖고 있을까요? 스마트 권력의 등장과 확산은 트로이카 권력의 최대 강자인 경제권력에 커다란 시련으로 다가오고 있습니다.

　업종 철수 요구는 대기업 입장에서 매우 치명적입니다. 한국의 재벌들은 하나같이 가족 상속이란 욕망을 갖고 있습니다. 경영 능력에 상관없이 자식들에게 회사를 물려주고자 합니다. 그러려면 어떻게 해야 합니까? 계열사를 많이 만들어서 자녀들에게 이것저것 물려주면 됩니다.

　계열사를 만들어 승승장구하는 것은 어렵지 않습니다. 그룹의 계열사들이 알아서 높은 가격으로 물건을 사 주면 됩니다. 계열사를 만들어 땅 짚고 헤엄치는 식으로 손쉽게 돈을 벌 수 있습니다. 우후죽순처럼 생긴 계열사들 중에는 비상장 회사가 많습니다. 시장과 주주들의 큰 반대를 겪지 않고 쉽게 대물림할 수단으로 비상장 회사를 많이 이용합니다. 상장회사가 되면 경영, 실적, 사내이사 등의 변동사항과 관련해 반드시 신고해야 하는 사항이 많아집니다.

주식거래 안정성 등을 위해 취하는 조치입니다. 금융당국과 증권거래소의 감시 네트워크에 포함돼 관리되는 만큼 비상장회사에 비해 많은 제약을 받게 됩니다.

그런데 정부와 정치권이 상생협력을 강조하며 중소기업 적합업종에서 철수하라고 강요하자 재계는 당혹스러움을 넘어 저항의 양상을 보였습니다. 물론 겉으로는 협력하는 척했지만 그것은 어디까지나 생색내는 차원에 불과했습니다. 중소기업 적합업종에 진출한 대기업 계열사들을 철수시키는 것은 재벌 입장에서 그야말로 살을 도려내는 아픔입니다. 앉아서 돈을 벌 수 있고 상속 비용을 최소화하는 핵심 수단으로 활용할 수 있는 알토란 같은 계열사들을 철수시키기 위해서는 결단이 필요합니다. 재벌 입장에서 대를 위해 소를 희생하는 현명함을 요구하는 것입니다. 하지만 앞 장에서 살펴봤듯 한국의 경제권력은 고도 압축성장기를 거치며 성장한, 이른바 '졸부형 대기업'이 주축을 이루고 있습니다. 정경유착, 정언유착을 통해 그들의 욕망은 한없이 커졌는데 스마트 권력의 등장으로 이제 그 욕망을 자제해야 하는 환경을 맞이했습니다.

한국의 경제권력은 지금까지 이렇다 할 '적수'를 만난 적이 없습니다. 박정희 정권 시절에 한국의 경제권력은 국가·정치권력의 충실한 동반자 역할을 자처했습니다. 국가에서, 정치권에서 그들의 성장을 전폭적으로 지원해 줬으니 이것저것 작은 것들을 양보하는 것은 결코 나쁜 장사가 아니었습니다. 전두환·노태우 정권을 거치며 국가권력의 전횡과 강압이 많이 줄어들면서 상대적으로 경제권력의 힘은 더욱 커졌습니다. 국가권력의 약화에 따른 힘의 공백을 경제권력이 착실히, 확실하게 차지해 나갔습니다.

그래서 한국의 경제권력은 그 어떤 나라의 경제권력보다 보수적이고 탐욕스럽습니다. 끊임없이 사회로부터 부의 에너지를 빨아들일 뿐 나누는 데 인색합니다. 한국에서는 마이크로소프트의 빌 게이츠 회장과 같은 파격적인 기부자가 지금까지 단 한 번도 자발적으로 나타난 적이 없습니다. 회장이 구속 위기에 내몰려야 어쩔 수 없이, 그것도 엄청나게 생색을 내며, 자신의 재산이 아닌 회사의 재산을 사회에 환원하는 척할 뿐입니다.

유럽의 경제권력은 여러 위기를 겪으며 현명함을 배웠습니다. 공산주의, 사회민주주의, 민주사회주의 등 자본주의의 문제점을 지적하고 도전하는 견제가 있었기 때문입니다. 그들은 자신들의 무한 욕망을 자제하고 사회와 더불어 발전하는 게 가장 좋은 전략임을 몸으로 배웠습니다. 그래서 유럽의 국가권력과 경제권력은 내키지 않았지만 복지 확대, 불평등 해소 등에 나섰던 것입니다.

하지만 권력 간 결탁을 통해 온실의 화초처럼 편안하게 성장한 한국의 경제권력은 그 어떤 나라의 경제권력보다 보수적이고 탐욕스럽습니다. 끊임없이 사회로부터 부의 에너지를 빨아들이면서 그것을 나누지 않습니다. 유럽은 사회민주주의, 민주사회주의 등을 통해 상대적으로 많은 것을 나누는 복지 시스템을 만들어 왔지만

‘성장 신화’에 몰두했던 한국은 가장 탐욕스런 자본주의 시스템을 유지하고 있는 미국보다 훨씬 더 나누는 데 인색합니다. ‘삼성 공화국’이란 단어는 한국의 경제권력이 갖는 힘과 탐욕을 상징적으로 일컫는 용어입니다.

하지만 경제권력은 이제 만만치 않은 적수를 만났습니다. 바로 놀랍도록 확산되고 있는 스마트 권력입니다. 평등의지와 결합한 스마트 권력은 분배를 요구합니다. 경제권력, 즉 재벌의 끝없는 욕망을 견제합니다. 앞으로 경제권력 내부에서 ‘내부 고발자’가 계속 늘어날 것입니다. 그러면 지금까지 베일에 가려진 채 간헐적으로 조금씩 드러났던 한국 경제권력의 실상이 보다 많이 드러나게 됩니다. 비리와 비상식과 억압이 드러날수록 권력은 힘을 잃게 됩니다.

스마트 권력 시대에 경제권력은 지금까지의 ‘신비주의 전략’을 펼칠 수 없습니다. “그들은 우리와 다르다. 뭔가 대단한 능력을 갖고 있다. 마음에는 들지 않지만 그들이 있기 때문에 경제가 발전하고 우리도 그 과정에서 도움을 받는다”라는 강요된 공감대는 갈수록 위축되고 있습니다. TV 드라마에서 재벌가 사람들이 희화화된 인물, 쉽게 말해 제대로 된 상식을 갖지 못한 엉터리 인물로 등장했을 때 시청자들로부터 큰 호응을 얻는 것도 이 때문입니다. 과거에 재벌가 사람이라 하면 선망의 대상이었지만 이제 놀림과 조롱의 대상으로 전락하고 있습니다. “그들은 자신들이 사회에 빚지고 있는 것을 제대로 갚지 않고 있다. 자신들의 무한한 사적 욕망을 채울 뿐이다"라는 '분노'가 커지고 있는 것입니다.

야권은 이 '분노'에서 힘과 용기를 얻었습니다. 야당은 4·11 총선에 임하며 그 어느 때보다 강력한 경제력 집중 완화 정책을 내놓았습니다. 민주통합당은 경제 민주화의 핵심 포인트로 경제력 집중 완화를 내세웠습니다. 10대 대기업 집단에 대해 출자총액제한제도를 재도입하겠다고 천명했습니다. 출자총액제한제도는 모기업이 자회사에 지분을 투자할 수 있는 비율을 규제합니다. 민주통합당은 또 순환출자도 원칙적으로 금지하기로 했습니다. 순환출자는 지배주주, 즉 오너가 한 기업의 지배권을 활용해 많은 계열사의 지배권을 통째로 확보하는 수단으로 활용되고 있습니다. 민주통합당의 경제력 집중 완화 정책은 적은 돈으로 그룹 전체를 손쉽게 지배하는 연결고리를 차단하는 데 초점을 뒀습니다.

통합진보당은 한발 더 나아가 재벌 해체를 전면에 내걸었습니다. '계열분리명령제' 도입을 공약으로 내걸었는데 이 제도는 보다 직접적인 제재 수단입니다. 대기업들은 지금까지 고객들이 금융자회사에 맡긴 돈을 계열사에 출자해 지배권을 강화해 왔는데 계열분리명령제는 이를 금지하고 위반할 경우 그 계열사를 분리하도록 명령하는 제도입니다. 통합진보당은 또 여러 법으로 흩어져 있는 재벌관련법을 하나로 묶어 이른바 '재벌규제법'을 제정해야 한다고 요구했습니다. 단계적으로 30대 기업집단, 즉 30대 재벌을 3000개의 전문기업으로 전환하는 게 목표입니다. 이에 비해 새누리당은 출자총액제한제 부활, 순환출자 금지 등을 제외했습니다. 여론과 지지율에서 밀려 어쩔 수 없이 경제 민주화를 천명했지만 트로이카 권력의 한 축인 새누리당 입장에서 경제권력의 위축을 가져올 정책을 채택할 수 없는 것은 당연하다 하겠습니다.

이 같은 변화는 의미심장합니다. 정권 교체에 성공했던 김대중·노무현 정권 시절에도 재벌 해체를 공개적으로 표방하는 것은 금기사항이었습니다. 속으로 그런 생각과 지향을 갖고 있다 해도 현실적으로 경제권력의 힘을 쉽게 제압할 수 없었고 오히려 그들의 도움이 필요했기 때문입니다. 하지만 스마트 인프라와 스마트 정보의 출현, 그리고 평등의지와 스마트 권력의 결합으로 재벌에 대한 반감이 그 어느 때보다 높아졌고 급기야 재벌 해체를 선거 공약으로 자신 있게 내세우는 환경이 마련된 것입니다.

경제권력, 재벌들은 이 같은 변화에 크게 당황하고 있습니다. 경제권력은 김대중·노무현 정권 시절에도 이처럼 궁지에 몰리지 않았습니다. 비록 이런저런 규제와 견제를 받긴 했지만 자신들의 욕망을 충족하는 데 결정적인 장애물은 거의 없었습니다. 가장 대표적인 사적 욕망인 대물림 작업도 크게 차질 없이 진행할 수 있었습니다. 하지만 이제 상황이 달라졌습니다. 어제의 든든한 파트너인 국가·정치권력이 자신을 압박하며 배신의 징조를 보이더니 급기야 민주통합당과 통합진보당은 재벌 해체를 공개적으로 요구하고 나섰습니다.

경제권력, 재벌은 스마트 권력의 등장과 확산으로 계속 위축되고 있는 가운데 과연 어떤 카드를 선택할까요? 경제권력에 요구되는 것은 간단합니다. 양보와 배분입니다. 모든 것을 독점하지 말고 이 제 좀 나누라는 것입니다(경제력 집중 현상은 갈수록 심각해지고 있습니다. 전체 상장 기업 중 30대 그룹의 상장 계열사가 매출의 70% 가까이를 차지하고 있고 전체 순익의 75%나 독식하고 있습니다. 범 삼성가와 범 현대가의 자산을 합치면 한국 국내총생산GDP의 절반을 넘어서는 것으로 조사됐습니다. 1%의 재벌이 나머지 99%를 누르며 사실상 한국을 지배하고 있다는 비판이 나오는 이유입니다).

그렇다면 과연 경제권력이 양보할까요? 양보한다면 어디까지 양 보할 수 있을까요? 경제권력이 양보하기 위해서는 사적 욕망을 줄 여야 합니다. '내 자식에게 반드시 회사를 물려줘야 한다'는 시대에 뒤떨어진 욕망을 버려야 합니다. 대그룹이 저질렀고 지금도 호시탐 탐 시도하고 있는 비자금 조성 등 각종 비리의 이유는 크게 두 가지 입니다. 하나는 대물림 비용 조달과 순조로운 추진을 위해서이고 또 다른 하나는 국가·정치권력과의 유착에 따른 비용을 마련하기 위해서입니다.

경제권력은 아주 난처한 상황에 빠졌습니다. 선뜻 양보를 할 수 도 없고 그렇다고 무작정 욕망을 채울 수도 없는 진퇴양난에 놓였 습니다. 게다가 스마트 시대가 본격화하면서 스마트 인프라와 스마 트 산업에서 집중적으로 미래의 부가 창출될 전망입니다. 스마트 의지와 스마트 권력에 아부하지 않는다면 경제권력의 핵심 참여자 들, 즉 재벌들의 입지는 갈수록 줄어들 수밖에 없습니다. 시대 흐름에 뒤떨어지지 않는 것만으로는 부족합니다. 스마트 시대에 생존하기 위해서는 남보다 앞서 치고 나가야 하는데 낡은 욕망을 채우기 급급한 집단은 스마트 의지와 스마트 권력의 견제 강화로 '왕따'를 당하게 될 것입니다.

이처럼 스마트 권력의 확산으로 기존 권력 주체들은 크게 당황하고 있습니다. 이것은 한국만의 현상이 아닙니다. 미국과 유럽 모두에서 공통적으로 나타나는 글로벌 현상입니다. 노마드 권력이자 반권력인 스마트 권력은 끊임없이 팽창하며 전 세계 기존 권력에 도전하고 있습니다. 그렇다면 기존 권력이 순순히 스마트 권력의 요구에 굴복할까요? 엄청난 기득권과 통제수단과 힘을 갖고 있는 기존 권력이 그럴 리 없습니다. 낯설고 강한 놈이 등장해 당황했지만 곧 특유의 적응력과 통제력을 발휘하려 할 것입니다. 물론 부분적으로 양보하고 타협하겠지만 궁극적으로 스마트 권력을 길들이고 통제해 그 힘을 약화시키려 할 것입니다. 스마트 권력이 더욱 확산되기 전에 그래야 할 것입니다. 스마트 권력은 등장 초기부터 심각한 위기를 맞이하고 있습니다.

우리는 이제 스마트 권력에 재갈을 물려 그 힘을 약화시키려는 기존 권력의 시도에 대해 살펴볼 것입니다. 과연 스마트 권력은 기존 권력의 통제에 어떻게 대응하게 될까요? 반권력인 스마트 권력은 무력화 전략에 맞서 자신의 생명력인 공유·확산·팽창을 유지할 수 있을까요?

스마트 권력을 길들이기 위한 음모들

PART 6

'자본주의 4.0'이란 개념은 급격하게 변하고 있는 환경에 대응하기 위해 기존 권력이 내놓은 대안입니다. 쉽게 말하자면 자본주의 4.0은 보다 인간적인 모습을 지닌 자본주의를 말합니다. 자본주의는 자유방임의 고전자본주의(자본주의 1.0), 정부의 역할을 강조한 수정자본주의(2.0), 시장과 자본의 자율을 강조한 신자유주의(3.0)로 진화해 왔고 이제 자본주의 4.0으로 난국을 헤쳐 나가야 한다는 게 주창자들의 생각입니다. 자본주의 4.0이라는 용어는 경제 언론인인 아나톨 칼레츠키Anatole Kaletsky가 처음 사용한 용어로, 칼레츠키는 자본주의가 시대의 위기에 따라 진화해 왔고 이제 빈곤층 비율을 최대한 줄이는 데 주력해야 한다고 주장했습니다.

자본주의 4.0은 자본의 탐욕을 조금 줄이고, 그 대신 배분과 양보, 배려를 하자고 촉구합니다. 국가와 기업의 부를 사회 하층에 보다 많이 베풀어야 한다는 것입니다. 국가의 재정만으로는 어려우니 기업들이 사회적 책임감을 갖고 사회 공헌에 나서야 한다고 주장합니다.

자본주의 4.0이 나온 이유는 한마디로 신자유주의가 심각한 위기에 처했기 때문입니다. 세계 주요 자본주의 국가들은 1980년 글로벌 자본주의의 선두 주자이자 소련의 멸망으로 유일무이한 최강국으로 자리 잡은 미국에 의해 신자유주의 체제에 편입됐습니다. 신자유주의는 '미국의, 미국에 의한, 미국을 위한' 자본주의였습니다. 신자유주의에서 자본은 한없이 편안했습니다. 자신의 탐욕을 맘껏 분출할 수 있는 통로를 제공 받았습니다.

탐욕은 탐욕을 낳고 한없는 자만심으로 이어지기 마련입니다. 미국의 자본이 그랬습니다. 미국을 비롯한 글로벌 자본세력은 첨단 공학을 이용한 파생상품을 마치 '자본의 신'처럼 떠받들었는데, 파생상품을 통해 근거 없는 '가공 가치'를 무한 증폭시켜 천문학적인 수익을 거둬들였습니다. 하지만 근거 없는 가치의 무한 증폭은 결국 파국을 맞이했습니다. 2008년 세계를 강타한 글로벌 금융위기는 자본권력의 탐욕을 한 몸에 품고 있던 파생상품의 붕괴에서 시작되어 신자유주의의 뿌리를 통째로 흔들었습니다. 탈출구는 쉽게 보이지 않았습니다. 단순 봉합을 위한 수단마저 여의치 않았습니다.

위기를 맞이하자 그 실상이 고스란히 드러났습니다. 신자유주의 체제에서 세계 모든 자본주의 국가들은 자신의 살을 갉아 먹을 것이라는 것도 모른 채 경제 불평등과 경제 양극화를 확대 재생산했습니다. 신자유주의의 흐름에 적극적으로 올라 탄 소수의 '가진 자'와 그렇지 못한 다수의 '못 가진 자'로 나뉜 사회가 돼 버렸는데, 이런 양극화 사회는 동서를 따질 것 없이 위기에 내몰리게 됩니다. 여기에서 소수는 트로이카 권력을 말합니다. 신자유주의 체제에서 트로이카 권력은 그 어느 때보다 많은 혜택을 누렸습니다. 미국을 중심으로 세계 각국의 트로이카 권력은 신자유주의가 영원할 것이라는 믿음 속에서 그 욕망을 제어하지 못했고 결국 스스로 파국을 자초했습니다.

당연히 평등을 향한 의지가 더욱 커졌습니다. "어제보다 오늘이, 오늘보다 내일이 조금 더 낫겠지" 하는 희망마저 무너지면 절망과 분노가 뒤따르고 절망과 분노가 뭉치면 행동으로 분출됩니다. 게다가 지금은 스마트 권력이 등장한 시대입니다. 스마트 인프라와 스마트 정보를 타고 스마트 의지에 '분노'가 담기기 시작했고 이는 스마트 권력의 출현으로 이어졌습니다. 국민들의 삶이 갈수록 팍팍해지고 있는데 소수의 경제권력자들은 아랑곳하지 않은 채 오히려 재산을 늘려가는 상황을 더 이상 받아들일 수 없게 됐습니다. 경제권력을 감싸고 도는 국가권력과 정치권력에 대한 분노가 전 세계에 확산되고 있습니다.

자본주의 4.0이 성공해서 글로벌 자본주의 체제를 다시 안정시킬 수 있을까요? 문제는 욕망 제어의 가능성입니다. 신자유주의 체제에서 한없이 증폭된 트로이카 권력의 욕망이 제어될 수 있을까요? 과연 한국의 경제권력이 자신의 욕망을 줄이고 사회적 책임을 스스로 떠안을 수 있을까요? 양보한다면 어디까지 가능할까요? "이 정도면 되겠지"하며 선심 쓰듯 한 쪽 쪼개 준다고 스마트 분노를 잠재울 수 있을까요?

당연히 어렵습니다. 상식적으로 우리는 일단 커진 욕망을 줄이는 게 얼마나 어려운 일인지 알고 있습니다. 1% 소수자들의 입장에서 생각해 봅시다. 100m² 아파트에서 살다 80m² 아파트로 옮기는 게 쉬운 일은 아닐 것입니다. 3억 원대 초호화 대형차를 타다 2억 원대 고급차로 갈아타는 일도 그들 입장에서는 정말 견디기 어려운 일이 겠죠. "눈 딱 감고 예전처럼 하면 이것을 다 독차지할 수 있는데 왜 내가 저런 허접스러운 놈들을 위해 양보해야 하나" 하는 생각이 들 것입니다.

그렇다면 트로이카 권력은 어떤 유혹을 느끼게 될까요? 당연히 스마트 의지, 스마트 분노, 스마트 권력을 통제하고 싶어 할 것입니다. 완전히 잠재울 수는 없을지라도 최소한 기존 권력에 강력한 위협이 되지 않을 정도로 그 힘을 줄여야겠지요. 적당히 요구를 들어주는 척하면서 스마트 분노와 스마트 권력을 길들이는 방법은 매우 유혹적입니다.

트로이카 권력은 당근과 채찍을 동시에 사용할 것입니다. 스마트 권력의 기반인 스마트 인프라를 통제하려는 시도가 나타나고 있습니다. 확산과 팽창의 그릇인 스마트 인프라를 통제하는 게 가능할까요? 부분적이라도 통제가 된다면 어떤 결과를 낳게 될까요? 우리의 시선은 스마트 권력의 성장 가능성에 모아집니다.

스마트 인프라와 스마트 권력에 대한 통제는 일단 SNS를 타깃으로 삼고 있습니다. 각종 선거에서 SNS가 발휘하는 위력은 더욱 커지고 있습니다. 새누리당은 투표율이 낮았던 20~30대 사이에 SNS를 통한 투표 인증샷 운동이 벌어지자 당황했습니다. SNS를 통한 투표 참여 촉구는 보수정당보다는 진보정당 지지율이 높은 30대를 퇴근 후 투표장으로 향하도록 했습니다. 20~30대의 새누리당 지지율이 30% 수준에 머물고 있기 때문에 그들의 투표 참여 확대는 못마땅할 수밖에 없습니다(하지만 2012년 4월 총선에서 20~40대의 투표율은 기대와 달리 크게 후퇴했습니다. 스마트 의지와 스마트 권력의 형성·확산이 단선적인 발전단계가 아닌 굴절 과정을 거쳐 이뤄질 수 있고, 심지어 후퇴할 수도 있다는 것을 보여줍니다).

SNS 중에서 트위터가 선거에서 발휘하는 위력은 갈수록 커지고 있습니다. 2010년 6·2 지방선거에서 2011년 10·26 재보궐선거 사이에 트위터 가입자와 사용자는 폭발적으로 늘었습니다. 선거 당일 트위터 소통량이 폭발적으로 늘어나면서 선거 판세를 바꿔 놓았다는 해석이 나왔습니다.

'천안함 침몰' 사건 이후 치러진 6·2 지방선거에서 트위터리안들은 "1번(당시 한나라당)을 찍으면 전쟁 난다"는 문구를 실어 날랐습니다. 이런 트위터의 메시지에 힘입어 퇴근시간 이후 30대, 즉 '넥타이 부대'의 투표율이 놀라울 정도로 높아지며 야당에 승리를 안겨 준 것으로 분석됐습니다.

스마트 인프라를 통한 정치참여는 SNS에서 다른 영역으로 빠르게 확산되고 있습니다. 앞에서 살펴본 나꼼수의 경우가 대표적입니다. 스마트폰으로 접속하는 팟캐스트가 선거 결과에 직접적인 영향을 준다는 점이 확인됐습니다. 나꼼수는 2011년 8월 무상급식 서울시 주민투표와 서울시장 보궐선거에서 새누리당에 패배를 안겨 준 일등공신이었습니다.

예전 같으면 신경도 쓰지 않았을 '하찮은' 나꼼수에 당하자 권력은 즉각 대응에 나섰습니다. 2011년 12월 나꼼수의 핵심 패널인 정봉주 전 열린우리당 의원이 구속 수감됐습니다. 2007년 대선 당시 이명박 한나라당 후보가 BBK 주가조작 사건에 연루됐다는 '허위 사실'을 유포한 혐의로 불구속 기소됐다 12월 22일 징역 1년의 대법원 확정 판결을 받았기 때문입니다.

정봉주 전 의원은 자신의 징역형이 확정된 것에 대해 "나꼼수 때문"이라며 자신에 대한 탄압에 저항했습니다. 그는 또 "SNS를 통해 국민들이 발언하는 것을 정부가 막으려 하고 있다"며 자신의 구속 수감은 SNS와 나꼼수 같은 팟캐스트, 즉 스마트 인프라와 스마트 정보 확산에 "재갈을 물리려는 시도"라고 꼬집었습니다.

급기야 새누리당은 SNS를 통한 선거 참여 등을 엄격히 제한해야 한다고 요구하고 나섰습니다. 당연히 국가권력은 정치권력의 요구를 충실히 받아들였습니다. 2011년 5월 검찰은 '낙선시켜야 할 한나라당 의원들 열아홉 명'을 자신의 트위터에 올린 시민을 '사전선거운동' 혐의로 기소했고 법원은 벌금 100만 원을 선고하며 유죄를 인정했다.

방송통신위원회는 같은 해 10월에 치러진 서울시장 보궐선거를 열흘 앞두고 SNS와 스마트폰 애플리케이션 등을 심의하는 팀을 신설하겠다고 밝혔습니다. 이어 12월 초 SNS를 심의하기 위한 기구인 '뉴미디어 정보심의팀'을 신설했습니다. 이를 통해 청소년들에게 부정적 영향을 미치는 음란물, 도박, 명예훼손, 마약류 관련 정보 및 국가보안법을 위반하거나 각종 범죄를 교사 또는 방조하는 유해 정보를 차단하겠다고 밝혔습니다. 방송통신심의위원회는 SNS에 문제되는 정보가 올라오면 먼저 자진 삭제를 권고한 뒤 이를 지키지 않으면 계정(ID) 자체를 차단해 SNS에서 퇴출시키겠다고 협박했습니다.

심지어 새누리당 장제원 의원 등 국회의원 열한 명은 2011년 11월 이동통신사를 통한 인터넷 접속을 원천 차단하는 '전기통신사업법' 개정안을 발의했습니다. 이들은 개정안에서 '기간통신사업자는 불법적인 통신 등 특정한 요건에 해당하는 경우 합리적인 통신망 관리를 위해 인터넷 접속 역무 제공을 제한할 수 있도록 한다'는 조항을 신설했습니다. 또한 인터넷 접속을 차단하더라도 모바일 접속을 막을 수 없다는 점을 문제 삼고 이를 아예 원천 봉쇄해야 한다고 요구했습니다. 이 조항을 적용하면 SNS를 통해 권력 입장에서 불손한 내용이 오갔을 경우 스마트폰의 해당 SNS 접속을 원천 차단할 수 있게 됩니다. 예컨대 '2MB18' '명박산성' '쥐박이' 같은 특정 SNS 계정의 인터넷 접속뿐 아니라 스마트폰의 접속까지 막을 수 있게 됩니다. 이 개정안 내용이 알려지자 네티즌들의 분노가 들불처럼 번졌고 개정안 발의를 주도했던 장제원 의원은 "나의 의도가 정반대로 해석됐다. 하지만 오해를 산 부분에 대해 사과한다"며 서둘러 개정안 발의를 철회했습니다. 비록 여론의 빗발치는 비판 때문에 개정안을 철회했지만 이런 시도는 스마트 의지와 스마트 권력에 직접 족쇄를 채우려는 기존 권력의 의도를 솔직하게 보여 줬습니다.

이런 가운데 2011년 말 보수권력 입장에서 영 달갑지 않은 일이 벌어졌습니다. 헌법재판소는 트위터를 비롯 SNS를 이용한 사전선거운동을 금지하지 말아야 한다고 판단했습니다. 트위터를 통한 선거운동을 규제하는 공직선거법 93조 1항에 대해 제기된 헌법소원 심판사건에서 재판관 6(한정위헌) 대 2(합헌) 의견으로 위헌 판단을 내린 것입니다. 이에 따라 2012년 4월 제19대 총선부터 SNS를 통한 선거운동을 규제할 수단이 사라졌고 정당이나 특정 후보에 대한 지지나 반대 등 자유로운 의사표현이 가능해졌습니다. 헌법재판소는 인터넷이 누구나 손쉽게 접근할 수 있는 매체이고 이용료가 거의 없어 선거운동 비용을 획기적으로 낮출 수 있는 공간으로 평가받고 있다는 점에 주목했습니다. 또 인터넷상의 선거운동은 후보자 간 경제력 차이에 따른 불균형을 어느 정도 해소해 준다는 점에서 이를 제한하는 것은 적절하지 않다고 밝혔습니다.

스마트 인프라에 대한 재갈 물리기는 우리만의 문제가 아닙니다. 반권력인 스마트 권력이 스마트 인프라를 통해 점점 힘을 키워가며 전 세계 모든 기존 권력에 위협이 되고 있습니다. 중국은 2011년 SNS 실명제를 강행했습니다. 이에 따라 중국판 트위터 서비스인 '웨이보'도 실명제 감시 대상이 됐습니다. 중국 측은 SNS 실명제를 도입하는 이유에 대해 인터넷 사용자의 이익 보호, SNS의 신뢰성 향상 등을 거론했는데 한국 보수권력이 표면상 내세우고 있는 이유와 똑같습니다. 이에 대해 중국 정부가 튀니지, 이집트, 리비아 등에서 일어난 재스민 혁명에 SNS가 결정적인 역할을 하자 이에 불안감을 느끼고 있다는 해석이 나왔습니다. 중국은 스마트 인프라를 관리, 감독하는 전담 부서도 설립했습니다.

스마트 인프라, 정보, 분노, 권력에 대한 재갈 물리기는 쉽게 성공하기 어려울 것입니다. 스마트 인프라와 정보의 기본 속성은 무한확산입니다. 설사 특정 영역을 차단한다 해도 전 세계를 실시간으로 연결시키는 시스템 자체를 다운시킬 수는 없는 노릇입니다. 다음 장에서 살펴보겠지만 이런 한계 때문에 권력은 스마트 업체에 대한 직접적인 통제로 선회할 가능성이 높습니다. 스마트 인프라 자체를 제한해 유통 정보 자체를 규제하려는 시도가 나타날 수 있습니다.

정치권력은 대세를 거스를 수 없습니다. 비록 마음에 들지 않더라도 의원들은 선거에서 이기기 위해 모든 수단을 동원해야 합니다. 4월 총선을 앞두고 언론들은 주요 정치인들의 트위터와 페이스북을 종일 들락거려야 했습니다. 야당은 물론 여당 의원들조차 SNS를 통해 자신의 정치적 입장과 이슈에 대한 의견을 실시간으로 올렸기 때문입니다. 게다가 정치권 인물은 물론 정치에 관심을 갖고 참여하고 있는 주요 인물들의 트윗이 엄청난 영향력을 발휘하며 퍼졌습니다. 언론사 정치부 기자들은 이제 직접 전화를 걸거나 만나서 취재하기보다는 해당 국회의원이나 정치인, 관련 인물들의 트위터를 방문하는 데 더 익숙해졌습니다. 결국 SNS에 재갈을 물리기 위한 초기 시도는 해프닝으로 끝났습니다.

그렇다고 기존 권력이 스마트 권력의 무한확장을 그대로 용인할까요? 절대 그럴 리 없습니다.

트로이카 권력은 스마트 권력을 길들이기 위해 스마트 IT 업체들부터 통제하려 할 것입니다. 애플, 구글, 페이스북 등 글로벌 스마트 IT 업체들을 압박하고 회유할 수밖에 없습니다. 반권력 성격을 지닌 스마트 권력의 확산은 곧 기존 권력의 입지 위축으로 이어질 것이 뻔하기 때문입니다.

세계 최대 인구를 거느리고 있는 중국은 스마트 권력을 통제하려는 기존 권력의 열망을 생생하게 보여 줍니다. 세계 최대 검색엔진 제공업체이자 안드로이드 운영체제의 개방으로 승승장구하고 있는 구글에게 중국은 성장을 위한 핵심 시장입니다. 중국은 10억 명이 넘는 인구 면에서나 스마트 관련 수요의 폭발적인 증가세 등을 감안할 때 결코 놓칠 수 없는 시장입니다. 하지만 구글은 중국 시장 진출 이후 중국 정부와 사사건건 충돌하며 심각한 갈등을 겪었습니다. 장황할 수도 있지만 구글과 중국 정부의 갈등 양상을 시간 순서대로 살펴보도록 하겠습니다. 이 같은 일은 시작일 뿐 앞으로 계속 나타날 갈등의 단초라는 점에서 주목할 필요가 있습니다.

중국은 2009년부터 트위터, 페이스북, 유튜브 등 글로벌 SNS에 대한 차단 정책을 실시했습니다(하지만 중국 사용자들은 다른 사이트와의 연동을 통해 트위터, 페이스북 등을 사용하는 편법을 썼습니다. 권력이 글로벌 스마트 인프라를 통한 소통을 차단하자 이에 저항하는 움직임이 확산됐습니다. 중국에서는 중국판 트위터, 중국판 페이스북을 자처하는 IT 업체들이 등장했습니다. 중국 정부는 자국 내 '짝퉁' IT 업체들을 거느리며 글로벌 스마트 업체들의 진출을 제어하는 전략을 취하고 있습니다. 자국 산업도 육성하고 스마트 권력도 견제하는, 꿩 먹고 알 먹는 전략인 것입니다). 그리고 자국에서 인터넷, 검색 등 스마트 IT 서비스를 제공하는 업체들을 대상으로 엄격한 검열 후 허가를 내주는 제도를 시행했습니다.

영토가 넓고 소수민족이 많은 중국은 역사적으로 국가통합이란 과제에 엄청난 에너지를 쏟아 왔습니다. 현재 중국 공산당도 서북공정, 서남공정, 동북공정 등 대규모 지역 개발과 통합 정책을 실시하며 중국 단일화 작업에 최우선 순위를 두고 있습니다. 이런 가운데 전 세계와 실시간으로 정보를 교류하는 스마트 인프라의 등장은 공산당 입장에서 아주 위험한 도전으로 비춰졌습니다. 땅도 넓고 민족과 인구가 워낙 많으니 언제 어디서 불만에 찬 소수의 목소리가 터져 나올지 모르는 상황에서 스마트 인프라를 통해 스마트 정보와 스마트 의지가 무한 팽창될 경우 체제에 위협이 될 것이라고 판단해 통제에 나섰던 것입니다.

구글은 중국 정부의 검열 요구사항을 받아들이면서 4년 동안 서비스를 제공해 왔지만 2010년 초 사실상 중국 정부의 지침에 따른 '자기 검열'을 받아들이지 않겠다고 맞섰습니다. 당연히 중국 정부는 사업 허가권을 갱신해 줄 수 없다며 압박했습니다. 이에 구글은 자기 검열을 피하기 위해 검색 서버를 같은 해 3월 홍콩으로 이전했습니다. 이렇게 되면 중국으로서는 검색 결과를 사전에 차단할 방법이 없기 때문입니다. 일일이 검색 결과를 확인해 사후적으로 차단하는 불편함을 겪게 됐습니다. 사실 이 일이 일어난 것은 양자 간 감정싸움이 격화됐기 때문입니다. 2010년 초 구글이 해킹을 당했는데 확인 결과 중국 공산당 정치국 고위 인사의 지시에 의한 것으로 드러났습니다. 이 고위 인사는 구글에서 자기 이름을 검색했을 때 자신에 대한 비난 글이 많은 것을 보고 구글을 공격하라는 지시를 내린 것으로 알려졌습니다. 하지만 이는 핑계일 뿐이고 중국 정부가 구글을 자국에서 내쫓아야 할 대상으로 보고 있다는 것을 보여 주는 사례로 해석됩니다.

구글과 중국 정부의 갈등은 그러나 미묘한 줄타기를 이어갔습니다. 2010년 7월 중국 정부는 얄밉지만 세계 최대 검색엔진인 구글을 완전히 내쫓을 경우 발생할 국제적인 파장 등을 고려해 구글 차이나의 인터넷 콘텐츠 제공자ICP 면허를 갱신해 줬습니다. 중국 정부는 '밖에서 노는 얄미운 자식을 안으로 품어 통제'하는 방식을 택한 것입니다.

구글은 이로써 면허를 갱신받았지만 이는 음악, 전자상거래, 번역 등 검열이 필요 없는 분야에 한정된 것이었습니다. 검열이 필요한 검색, 이미지 등은 여전히 홍콩 서버를 통해 제공할 수밖에 없었습니다. 구글 입장에서 세계 최대 시장인 중국을 놓칠 수 없었기 때문에 어쩔 수 없이 타협했던 것입니다.

구글은 2011년 9월에 다시 영업 허가를 갱신받았습니다. 하지만 구글은 중국 정부와 갈등을 겪으며 중국 시장에서 체면을 많이 구겼습니다. 구글 G메일은 번번히 해킹을 당했고 구글의 선언과 달리 홍콩 서버로 우회접속을 해도 중국 정부의 검열을 거친 결과만 나오는 등 서비스 수준도 떨어졌습니다. 중국 정부와 갈등을 겪으며 구글의 중국 내 검색시장 점유율은 2009년 4분기 36%에서 2011년 중순 20% 밑으로 떨어졌습니다. 중국 온라인 광고 시장점유율은 2010년 2분기 10.9%에서 2011년 상반기 7%대로 하락했습니다. 미국, 유럽은 물론 다른 아시아권에선 승승장구하는 구글 입장에선 정말 굴욕적인 수치였습니다.

고집스런 중국 정부와 언제까지 맞설 수는 없었습니다. 세계 최대의 성장 잠재력을 갖춘 중국 시장을 놓친다면 세계 1등 자리를 지킬 수 없는 것은 당연한 일입니다. 구글은 2012년 중국에서 인력 확충, 모바일 앱 제공 등 새로운 서비스를 의욕적으로 펼치겠다고 밝혔습니다. 기존 중국에서 서비스되지 않았던 안드로이드 마켓도 선보이겠다고 천명했습니다. 구글은 주로 중국 당국의 검열을 받지 않아도 되는 서비스 제공에 초점을 맞췄습니다.

구글이 애초 중국 정부와 맞선 것은 사실 무모한 일이었습니다. "세계 최대 업체인 우리를 어떻게 하겠는가" 하는 자신감은 치욕적인 시장점유율 하락으로 이어졌습니다. 중국 정부는 일찌감치 스마트 인프라와 스마트 정보 유통에 따른 체제 위협을 감지하고 적극 대응해 왔습니다. 중국의 인터넷 세계는 '만리장성 방어벽Great Firewall'이라 불리는 거대한 통제시스템에 둘러 싸여 있습니다. 중국 내 인터넷망은 국영기업 네 곳만을 통하게 돼 있고 당국은 이들 국영기업을 통해 외부에서 중국으로 정보가 들어오는 길목을 모두 차단하고 문제되는 것들을 걸러내고 있습니다. 예를 들어 달라이 라마, 류샤오보, 천안문 시위, 파룬궁에 관한 민감한 정보들을 자동으로 차단합니다. 중국 당국은 인터넷 검열에 막대한 예산과 인력을 투입하고 있습니다. 2010년 중국 검열 인력은 3~5만 명으로 추정됐습니다. '황금방패'라는 프로그램을 운영하는 공안부를 비롯해 여러 기관의 사이버 경찰들이 24시간 물 샐 틈 없이 인터넷을 감시하며 걸러내고 있습니다. 중국판 트위터, 중국판 페이스북을 운영하는 대형 포털·검색 사이트들은 중국 정부의 지시를 충실히 따라 광범위한 자기 검열 시스템을 갖췄습니다.

구글과 중국 정부의 갈등, 그리고 결국 구글의 패배는 스마트 인프라와 스마트 정보를 통제하고 싶어 하는 권력의 속성을 보여 줍니다. 아마 세계 다른 나라의 권력들은 중국 정부의 '결단력'에 박수를 보내고 싶었을 것입니다. '나도 저렇게 드러내 놓고 할 수 있으면 좋겠다'는 심정 아니었을까요.

2012년 1월 트위터는 전 세계 트위터리안들을 공분케 한 정책을 발표했습니다. 국가별로 트위터 이용자들의 트윗을 선별적으로 차단하는 기능을 추가할 것이라고 밝힌 것입니다. 다만 차단 기능은 모든 국가에 적용되지는 않을 것이고 아직 차단기능을 적용하지 않은 상태라고 말했습니다. 트위터는 이 같은 정책을 발표하며 인간의 기본 권리로서의 '표현의 자유'에 대해 다른 견해를 갖고 있는 일부 국가에 진출할 계획이라고 천명했습니다.

트위터의 이 같은 결정은 현실과의 타협이자 글로벌 스마트 업체들의 적응 과정이 어떻게 이뤄질지를 보여 준다는 점에서 매우 상징적입니다. 스마트 인프라와 정보의 급격한 확산에 두려움을 가진 국가들에 진출하기 위해 '맞춤형'으로 그들의 입맛을 맞춰 주겠다고 밝힌 것이기 때문입니다.

트위터는 트윗 차단 기능을 적용할 국가 리스트를 공개하지 않았습니다. 이런 리스트가 공개된다면 그 파장은 엄청날 것이 뻔하기 때문입니다. 트위터리안들은 "트위터가 중국 정부와 타협할 것이 확실하다"며 강력한 의혹을 제기했습니다. 구글과의 첨예한 대립에서 보여졌듯 글로벌 스마트 정보를 통제하고자 혈안이 돼 있는 중국 입장에서 트위터의 이런 정책을 환영하지 않을 이유가 없습니다. 중국 내 서비스가 막혀 있는 트위터가 세계 최대 시장을 공략하기 위해 '알아서 기는' 정책을 내놓았다는 해석이 나왔습니다.

논란이 확산되자 트위터는 트윗을 차단할 경우 이용자에게 트윗 차단 이유와 기간 등을 알리겠다고 해명했습니다. 그리고 블로그 포스트를 통해 "우리의 핵심가치 중 하나는 개별 이용자의 목소리를 최대한 존중하고 외부세력으로부터 옹호하는 것이다. 우리는 이용자들의 트윗이 언제 어디서나 게시될 수 있도록 노력할 것이며, 그렇게 하지 못할 때에도 투명성을 유지할 것이다"고 밝혔습니다.

엄청난 논란 속에서 트위터는 구글처럼 현실과의 타협이란 카드를 취했습니다. 중국이 쳐 놓은 만리장성을 넘기 위해 스스로 '추파'를 던졌습니다. 이것은 무엇을 뜻할까요? 왜 트위터는 권력에 눈웃음을 치며 구애하기 시작했을까요?

애플, 구글, 페이스북, 트위터 등 글로벌 스마트 업체들은 하나같이 모험정신을 갖고 등장했습니다. 그들이 원했건 원하지 않았건 그들이 만들고 있는 스마트 인프라는 스마트 정보, 스마트 의지를 낳고 스마트 권력의 형성이란 엄청난 변화를 낳고 있습니다. 스마트 업체들과 스마트 인프라는 전 세계를 실시간으로 연결하고 인류 역사상 존재하지 않았던 반권력인 스마트 권력을 형성하고 있습니다.

하지만 여기서 한 가지 잊지 말아야 할, 아주 중요한 포인트가 있습니다. 애플, 구글, 페이스북은 철저히 수익을 좇는 기업입니다. 그들이 만든 스마트 인프라가 스마트 정보–의지–권력으로 이어지고 전 세계에 아주 새로운 변화를 일으키고 있지만 그것이 그들이 원하는 종착점은 아닙니다. 다시 말하자면 그들은 기본적으로 새로운 경제권력이 되고자 하는 자본주의 이익집단입니다. 자본주의 기업 중에 첨단의 흐름을 만들고 유지하고 확산시키며 경제권력의 다음 지도자가 되기를 원하는 '유망주' '기린아'인 것입니다.

우리는 글로벌 스마트 업체들이 기존 권력과 결합할 가능성을 충분히 예상해볼 수 있습니다. 그렇게 되면 어떤 결과가 나타날까요? 그 폐해와 파괴력은 상상을 초월할 것입니다. 그들은 어쩌면 인류 역사에서 저주를 많이 받은 단어 중 하나인 '빅 브라더Big Brother(정보를 독점하며 개인과 집단을 철저히 감시·관리·통제하는 절대 권력자)'의 출현을 돕는 협력자가 될 수도 있습니다. 스마트 인프라의 성격과 환경이 자칫 빅 브라더의 출현으로 이어질 잠재력을 갖고 있기 때문입니다.

스마트 업체들의 출현과 함께 '빅 데이터Big Data'라는 용어가 주목받고 있습니다. 빅 데이터는 개인 정보를 한데 모아 만든 데이터 뭉치를 뜻합니다. 여기에는 개인의 사고방식, 소비습관, 행동반경 등이 모두 포함됩니다. 빅 데이터는 실시간으로 수집되는 데이터와 이를 분석하는 지능형 시스템을 포함한 개념입니다. 빅 데이터가 출현하기 위해서는 '무한확장'과 '고밀도 집중'이란 상반된 두 가지 힘을 충족해야 합니다. 스마트 인프라를 통해 무한 확산되는 정보가 있어야 하고 이것을 집중시켜 일정한 형태로 빚어내는 고성능 집중

시스템이 있어야 합니다. 애플, 구글, 페이스북, 아마존 등은 글로벌 IT 플랫폼과 하드웨어를 갖고 있어 빅 데이터를 수집하고 분석하고 활용하는 능력을 갖췄습니다. 과거에는 처리하지 못했던 데이터 뭉치를 이들 스마트 업체들은 이제 자유롭게 처리하고 분석하기 시작했고 그 능력을 갈수록 향상시키고 있습니다.

빅 데이터의 능력은 갈수록 진화하고 있습니다. 구글의 '독감 유행 정보감지 시스템'은 미국 질병통제예방센터의 독감 예측보다 더욱 정확하고 빠른 것으로 알려져 있습니다. 이 시스템은 자사 검색 집계를 통해 실시간으로 전 세계 독감의 유행 수준을 실시간으로 예측해 줍니다. 또 빅 데이터를 활용한 구글의 번역 서비스는 이미 한계를 넘어섰다는 평가를 받고 있습니다. 구글은 인류가 만들어 낸 수백만 권의 장서와 전 세계 이용자가 쉴 새 없이 클릭하고 있는 검색어 등 엄청난 양의 데이터를 바탕으로 전 세계 58개 언어를 교차번역해 주고 있습니다. 영어, 불어, 독일어 등 라틴어 계열의 언어 번역은 전문 번역사 수준에 이른 것으로 평가받고 있습니다.

글로벌 스마트 업체들 사이에 벌어지고 있는 경쟁은 사실 보다 많은 사용자와 고객사를 확보해 더 많은 데이터를 축적하려는 경쟁이라 할 수 있습니다. 구글의 안드로이드 운영체제 개방이 대표적인 사례입니다. 구글은 이를 통해 삼성전자의 갤럭시 시리즈를 포함해 전 세계 스마트폰 사용자로부터 데이터를 확보하고 있습니다. 구글은 2012년 3월부터 새로운 개인정보 취급방침을 통해 기존에는 독립해서 관리하던 G메일, 검색, 유튜브, 안드로이드 스마트폰의 모든 계정 정보를 전격적으로 통합 관리하겠다고 발표했습니다. 미국을 비롯해 세계 각국은 이에 대해 심각한 우려의 목소리를 냈습니다. 구글이 전 세계 10억 명 이상의 사용자에게 60여 개 이상의 스마트 인프라 서비스를 제공하며 취득하는 개인정보는 상상하기 힘들 정도로 많고 이를 어떤 곳에 활용하는지는 철저하게 사기업인 구글이 결정하기 때문입니다.

구글은 개인 정보 통합을 통해 엄청난 수익 창출 기회를 가질 것으로 예상됩니다. 개인이 검색한 각종 정보를 통합하면 그 개인이 무엇을 원하고, 무엇을 사고 싶어 하고, 어디를 여행하고 싶어 하는지 알 수 있습니다. 개인이 둘러본 기업, 금융회사, 상품, 병원, 레저시설 등을 종합하면 그 개인의 취미, 관심사, 건강, 재정상태, 정치성향 등을 분석할 수 있습니다. 이렇게 개개인에 대해 취합한 정보를 지역별, 국가별, 연령별, 성별 등으로 나눠 복합적으로 분석한다면 그 정보의 가치는 정말 엄청날 것입니다. 그리고 악용의 여지도 그만큼 커질 수밖에 없습니다.

현재 구글과 더불어 빅 데이터 시장의 양대 산맥을 형성하고 있는 페이스북의 활약상을 보면 역시 빅 브라더의 출현에 대한 공포를 느끼게 됩니다. 페이스북은 현재 9억 명에 가까운 가입자를 거느리고 있습니다. 세계 인구 여섯 명 중 한 명이 페이스북을 사용하고 있다는 얘기입니다. 페이스북의 자산은 페이스북을 통해 모은 개인정보입니다. 페이스북은 이용자들의 성별, 나이, 국적은 물론 각종 레저와 문화 취향, 정치 성향 등을 모을 수 있습니다. 정보는 광고로 연결됩니다. 2011년의 경우 광고 수익이 총 매출 37억 달러 중 85%(32억 달러)에 달했습니다.

아마존은 빅 데이터 시장에 뛰어든 신흥강자입니다. 아마존은 보급형 태블릿 PC인 킨들파이어를 파격적인 저가에 판매하며 애플의 아이패드에 맞섰습니다. 이는 킨들파이어를 되도록 많이 팔아 관련 콘텐츠의 판매를 확대하려는 전략입니다. 하지만 그보다는 킨들파이어 판매를 통해 개인정보를 보다 많이 수집하려는 속셈이 더욱 강합니다. 왜냐하면 앞으로 스마트 업체들의 성패는 누가 얼마나 많은 개인정보를 확보해 통합 관리하느냐에 달려 있기 때문입니다.

페이스북의 CEO인 마크 저커버그는 2010년에 "더 이상 사생활(보호)은 사회적 규범이 아니다Privacy has ceased to be a social norm"라고 선언했습니다. 개인이 자발적으로 스마트 인프라를 통해 정보를 내놓고 공유하고 있는 SNS 시대에 과거와 같은 프라이버시에 대한 존중은 큰 의미가 없다는 말입니다. 미국 연방수사국FBI은 트위터 등 SNS 게시물을 무작위로 수집, 분석하는 애플리케이션 개발을 추진하면서 개인이 공개하는 정보만 대상으로 한다면 문제없다는 입장을 보였습니다.

창업 초기 구글이 내세운 창업 모토 중 핵심은 '악마가 되지 말자Don't be evil'였습니다. 돈에 굴복하지 말고 구글의 창업 정신을 지키자는 목표였습니다. 하지만 구글은 중국 정부와 대립하며 한계를 보였습니다. 서버 철수라는, 사기업으로서는 정말 힘든 결정을 했지만 여전히 중국 시장을 버릴 수 없어 서성이며 고민하고 있습니다.

만약 글로벌 스마트 업체들이 경제권력의 핵심을 차지하며 국가·정치권력과 결탁하기 시작한다면 어떻게 될까요? 우리의 수많은 정보가 차곡차곡 쌓여 분석되어 국가·정치권력으로 넘어간다면 어떤 일이 벌어질까요? 국가·정치권력은 불법 감청, 도청, 감찰이란 위험을 무릅쓰지 않고서도 쉽게 개인 통제를 위한 정보를 아주 구체적이고 종합적으로 취합할 수 있을 것입니다. 그러면 어떤 일이 벌어질까요? 우리는 우리가 쏟아 낸 정보에 갇히게 되고 그야말로 '빅 브라더' 시대가 펼쳐질 수도 있습니다. 더 이상 우리 스스로 삶을 선택하는 게 아니라 빅 데이터 분석을 통해 빅 브라더가 지시하고 유도하는 '꼭두각시' 같은 삶을 살게 될지도 모릅니다.

그래서 우리는 스마트 인프라·정보·의지·권력의 이중적 성격과 위험성을 깨달아야 합니다. 나에게 가장 훌륭한 무기는 곧 적에게도 가장 뛰어난 무기가 될 수 있습니다. 어떻게 활용하느냐에 따라 선이 되기도 악이 되기도 합니다. 과연 스마트 권력은 이 같은 위험을 뛰어넘고 진정한 반권력으로서의 성격을 맘껏 분출할 수 있을까요? 그러기 위해서는 어떤 노력과 조건이 필요할까요? 우리는 스마트 권력의 미래에 직접적인 책임을 갖는 세대가 될 것입니다.

스마트 권력의 이중성

반권력 운동은 생존의 위협을 느끼거나 더 이상 참기 힘든 상황에 내몰린 기층 민중들이 일으키는 저항입니다. 민초들은 반권력 운동을 통해 억눌렀던 그들의 분노와 욕망과 에너지를 한순간에 터뜨립니다. 소외된 자들, 못 가진 자들, 억압받는 자들이 속에 꾹꾹 눌러 둘 수밖에 없었던 분노와 욕망을 터뜨리는 것이 반권력 운동입니다. 기존 권력의 탐욕과 빼앗기에 맞서 그것을 분쇄하기 위해 일어나는 것이 반권력 운동입니다.

반권력 운동에 참여하는 이들은 서로 강력한 연대의식을 갖는 경우가 많습니다. 탐욕스런 기존 권력에 맞서 함께 들고일어나는 운동이기 때문에 그들 사이에는 강한 동류의식과 서로에 대한 배려가 형성되곤 합니다. 그들은 저항을 통해 자연스럽게 평등의지를 공유하게 됩니다. 인류 역사를 관통하며 끊임없이 성장해 온 바로 그 평등의지 말입니다. 그들은 고귀한 의지의 확산에 동참하며 도도한 역사의 흐름을 바꾸는 방향타를 제공하곤 합니다.

평등의지의 공유와 확산은 어떤 조건에서 일어나는 것일까요? 평등의지는 역사라는 무대에서 '카메오'처럼 등장합니다. 저명한 인사나 유명 배우가 영화에서 카메오처럼 잠시 등장해 강한 인상을 남기고 사라지듯 평등의지도 그렇습니다. 평등의지는 카메오처럼 잠시 등장했다 이내 모습을 감추지만 일단 등장하면 그 이후 무대 흐름을 완전히 바꿔 놓곤 합니다. 평등의지라는 카메오는 권력자와 반권력, 지배자와 피지배자라는 무대의 두 주인공 사이에 팽팽한 긴장감이 감돌 때 절묘하게 등장합니다. 억눌렸던 반권력 에너지가 더 이상 참지 못하고 분출되는 바로 그 순간에 깜짝 등장합니다(평등의지는 역사가 진행되면서 카메오에서 주인공으로 격상됐습니다. 하지만 이것은 어디까지나 겉으로만 그런 것입니다. 앞에서 살펴봤듯 근대를 넘어 현대 자본주의 사회로 접어들면서 트로이카 권력은 스스로를 민주주의, 자유와 평등의 수호자로 자처하게 됩니다. 이 과정에서 평등의지는 과거 카메오에서 당당히 주인공의 자리를 꿰차게 됐습니다. 하지만 트로이카 권력은 평등의지를 진짜 주인공으로 대접할 수 없습니다. 평등의지의 인기가 갈수록 높아졌기 때문에 어쩔 수 없이 흥행을 위해 주인공으로 내세웠을 뿐 진짜 주인공은 자신들이 돼야 하기 때문입니다).

카메오의 출현과 함께 기층 민중은 갑자기 번쩍 눈을 뜨게 됩니다. 끊임없이 억눌리면서 이런저런 이유로 권력의 억압과 지배를 참거나 허용해 왔던 기층 민중은 한순간 카메오가 가리키는 방향에서 용기를 찾아냅니다. 카메오가 가리킨 저 곳에는 꿈과 희망이 있습니다. 이에 용기를 낸 기층 민중은 억눌리고 움츠렸던 에너지를 한꺼번에 쏟아 냅니다. 그들 사이에는 강한 연대의식이 형성되고 아주 낭만적인 분위기가 흐르기 시작합니다. "우리는 할 수 있다. 해보니 별 것 아니다. 갈 때까지 가보자" 하는 공감대가 형성되면 반권력 운동은 더욱 강한 추진력을 갖게 됩니다. 뭉치면 힘이 되고 자신감이 높아집니다. 더 많이 뭉칠수록 꿈과 용기는 더욱 커지고 반권력의 의지와 에너지도 더욱 고양됩니다.

하지만 거기까지입니다. 역사상 등장했던 반권력 운동들은 가혹한 운명을 겪어야 했습니다. 늘 들불처럼 번졌지만 동시에 하루살이처럼 허무하게 스러지곤 했습니다. 왜 그랬을까요? 반권력 운동과 에너지는 노마드 운동이자 에너지이기 때문에 근거 없이 떠돌기 십상입니다. 제대로 된 그릇에 담겨 체계적으로 분출하는 게 아니라 좌충우돌하며 스스로 자신을 갉아먹곤 합니다. 게다가 억눌렸던 에너지를 일순간에 분출하는 운동이기 때문에 폭력에 쉽게 기대곤 합니다. 자신을 그토록 몸서리치도록 억눌렀던 권력의 억압에 맞서기 위해서는 어쩔 수 없이 무력을 동원해야 하는데, 반권력 운동들은 그 과정에서 자신의 힘과 에너지를 통제하는 데 실패했습니다.

명확한 방향 없이 즉흥적이고 낭만적인 에너지로 변질되기 쉽다는 것도 반권력 운동이 실패하는 이유 중 하나입니다. 평등의지를 공유하며 '우리는 하나'라는 연대의식으로 뭉친 반권력 운동은 강력한 에너지를 뿜어내지만 그 에너지를 효과적으로 통제하고 지속적으로 확대시킬 기반과 능력을 갖기 어렵습니다. 이 때문에 들불처럼 번지며 당장에라도 기존 권력을 깨뜨릴 것처럼 보였던 숱한 반권력 운동들은 등장했던 만큼이나 빠르게 무대 뒤로 사라지곤 했습니다.

동학농민혁명은 에너지 조직과 분출의 미숙함, 아마추어적인 낭만주의라는 반권력 운동의 한계를 잘 보여 줍니다. 반봉건, 반외세 농민봉기였던 동학농민혁명은 한때 조선 왕조를 끝장낼 수 있을 정도로 강력한 에너지를 응집시켰고 분출시켰습니다. 조선 왕조의 억압이 더욱 심해지고 일본의 경제 침탈이 겹쳐지며 생존의 위기에 내몰린 민초들은 '인내천人乃天(사람이 곧 하늘이다)' '천심즉인심天心卽人心(하늘의 마음이 사람의 마음이다)'을 교리로 내건 동학에서 새로운 꿈과 희망을 보았습니다. 동학은 기층 민중의 삶을 파고들어 그들의 마음을 한데 모으는 코드를 갖고 있었습니다. 동학을 받아들이는 백성들이 기하급수적으로 늘어난 것은 당연했습니다.

동학농민혁명은 한국 역사상 가장 위대한 반권력 운동이었지만 그것이 시작된 직접적인 이유는 다분히 낭만적이고 즉흥적이었습니다. 반권력 운동이 갖는 한계를 고스란히 보여 줍니다. 조정은 동학의 급격한 세력 확장에 위협을 느꼈고 교조 최제우를 체포해 사형에 처했습니다. 더 확대되기 전에 그 힘의 예봉을 꺾으려던 아둔함이었습니다. 이에 교도들은 삼례집회, 제1차 보은집회, 복합상소,

제2차 보은집회를 잇달아 열며 교조의 억울함을 풀어달라는 신원운동을 벌입니다. 하지만 미련했던 조정은 이를 한마디로 묵살해버립니다.

분노가 폭발 직전에 이르는 과정에서 반권력 에너지의 분출에 도화선을 제공하는 사건이 발생합니다. 고부군수 조병갑은 부임하자마자 온갖 부당한 세금을 거둬들이며 착취를 일삼았는데 이에 분노한 1000여 명의 농민들이 전봉준을 중심으로 들고일어나 관아를 습격하고 거둬들인 세금을 빈민에게 나눠 주는 일이 발생했습니다. 조정은 군사를 보내 이를 무력으로 무자비하게 탄압하려 했고 다시 분노한 농민군은 '보국안민輔國安民(나라를 바로 세우고 백성을 편안하게 한다)'과 '척왜척양斥倭斥洋(왜구와 서양세력을 몰아낸다)'을 내걸고 다시 떨쳐일어나 1만 명에 이르는 병력으로 늘어나게 됩니다.

이 과정에서 우스꽝스런 일이 발생합니다. 최제우에 이어 동학교주로 옹립된 최시형은 전국에 통문을 보내 "도道로써 난亂을 지음은 불가하다(도를 실현하자며 반란을 꾀하는 것은 안 된다)"며 전봉준이 이끄는 혁명군을 공격하라고 명령합니다. 하지만 이미 동학혁명의 에너지는 지도부 일부가 통제할 수 없을 정도로 확대됐습니다. 억눌렸던 만큼, 참았던 만큼 그 분출 에너지는 당시 상식을 뛰어넘었습니다. 농민군은 황토현 싸움에서 관군 연합군 수천 병력을 깨뜨리고 전주를 점령했습니다.

동학 농민군을 스스로 제압할 수 없음을 깨달은 조정은 고육지

책을 선택합니다. 청나라와 일본에 지원군, 그러니까 진압군을 요청합니다. 당시 조선 조정에선 지원군 요청을 놓고 격론이 벌어졌습니다. 단순히 도움을 받는 데 그치지 않고 두고두고 화근이 될 수 있다는 의견은 정당했습니다. 하지만 동학농민혁명은 이미 그때부터 한민족 역사상 최대 규모의 반권력 운동이 될 조짐을 보이고 있었고 권력층은 이에 엄청난 공포를 느끼고 있었습니다. 외세와 권력을 일부 나누는 한이 있더라도 권력기반을 위협하는 반권력 운동을 제압해야 한다는 의견이 앞설 수밖에 없었습니다. 권력은 권력입니다. 권력은 탐욕 없이 작동하지 않는 법이고 그것이 장기적으로 자신을 해칠 악수라 하더라도 당장의 욕망 앞에 무릎을 꿇고 맙니다. 대한민국 설립 이후 반복적으로 나타나는 권력형 초대형 비리와 범죄는 권력의 절제되기 힘든 탐욕을 잘 보여 줍니다. 이승만, 전두환, 노태우, 김영삼, 이명박 정권은 하나같이 정권 말기에 상식을 뛰어넘는 천문학적인 권력형 부패에 휘말리며 절제되지 않은 권력 욕망의 비열함과 허무함을 여실히 보여 줬습니다.

조정이 외세와 결탁하자 민심은 더욱 들끓었습니다. 그동안 조정에 대해 갖고 있던 미련마저 버리게 만드는 행위였기 때문입니다. 동학군은 더욱 확대돼 호남군과 호서군을 합쳐 무려 20만 명이 결집했습니다. 하지만 공주의 우금치 고개에서 관군과 일본군의 연합군에 패배하고, 전라도로 후퇴해 재기를 꾀하지만 끝내 전봉준의 체포와 처형과 함께 한민족 역사상 가장 대담했던 반권력 운동은 막을 내렸습니다.

동학농민혁명에 대한 평가는 보는 각도와 입장에 따라 다를 수 있습니다. 일부 학자들은 동학농민혁명이 40만 명가량의 희생자와 엄청난 국력을 낭비시키며 조선 말기의 자생적인 회복력과 발전 기반을 훼손시켰다고 주장합니다. 조선이 멸망하며 일제에 종속된 핵심 이유 중 하나로 꼽기도 합니다. 하지만 이 같은 주장은 식민사관의 연장에 불과합니다. 이미 그 당시 조선의 권력 시스템은 효과적인 통제와 유지 능력을 잃어가고 있었습니다. 가뜩이나 경제가 어려워지고 있는 가운데 권력 유지를 위한 비용을 백성에게 살인적인 증세 부담으로 돌파하려고 한 어리석은 권력이었습니다. 말하자면 불에 기름을 붓는 무모한 권력이었습니다.

역사에 가정은 통하지 않습니다. "만약 그때 그렇게 하지 않고 이렇게 했다면 어떻게 됐을까" 하는 뒤집어 보기는 현실적이지 않습니다. 하지만 동학농민혁명을 살펴보면 이런 질문을 던질 수밖에 없습니다. 동학혁명이 단순한 반권력 운동이 아니라 처음부터 정권 탈취를 목표로 한 의식적인 반권력 운동으로 시작했다면? 왕과 조정, 지배층에 대한 낭만적인 미련에 연연하지 않고 이들을 교체해 새로운 세상을 열기 위해 나섰다면? 혁명군 내부에 나타났던 내부 갈등을 조기에 잠재우고 일치단결해 혁명 범위를 전국으로 확대해 나갔다면?

하지만 동학농민혁명은 반권력 운동의 한계에 고스란히 갇혀 있었습니다. 기층 민중에서 용솟음치는 분노를 바탕으로 들불처럼 일어났지만 그 에너지를 효과적으로 사용하지 못했습니다. 때로 일치단결해 강력한 에너지 응집과 확산을 이루기도 했지만 대체로 우왕좌왕하며 에너지를 끊임없이 낭비시켰습니다. 그리고 조선 왕조가 덮어씌워 놓은 절대 봉건왕조의 이데올로기를 쉽게 떨쳐내지 못한 채 서성였습니다. "왕의 백성인 우리가 정말 왕을 쫓아내야 하는가"라는 물음 앞에 내부 분열이 일어났고 혁명 에너지가 소진됐습니다. 혁명이 중순을 넘어 막바지에 이르렀을 때 당시로선 '과격파'의 목소리가 힘을 얻긴 했지만 이미 때는 늦었습니다. 정말 아쉬운 일입니다.

이제 우리의 물음은 시대를 껑충 뛰어넘어 현재로 돌아옵니다. 이제 막 형성되기 시작한 스마트 권력은 어떤 운명을 겪게 될까요? 지금까지 등장해 사라졌던 반권력 운동과 다른 길을 밟을 수 있을까요? 바로 앞장에서 살펴보았듯 스마트 인프라·의지·권력을 길들이기 위한 시도는 이미 전 세계적으로 진행되기 시작했습니다. 스마트 권력은 과연 트로이카 권력의 정교하고 참을성 있는 분쇄 전략에 맞서 자신의 에너지를 제대로 쏟아 낼 수 있을까요?

스마트 권력 역시 에너지 조직과 분출의 미숙함, 아마추어적인 낭만주의라는 반권력 운동의 한계를 보이고 있습니다. 스마트 세대와 SNS에 대한 비판은 주로 스마트 정보와 여론의 허무맹랑함과 비연속성을 문제 삼고 있습니다. '끼리끼리 SNS' '수도권과 20~30대에 한정된 스마트 세대'라는 비판은 스마트 권력의 핵심 주력군인 스마트 세대와 스마트 정보와 의지가 일부 소수의 불만세력에 불과하다고 설파합니다. 마치 동학농민혁명이 전국 단위의 반권력 운동으로 확산되고 있을 때 조선 조정에서 '일부 무리가 일으킨 역모'라며 애써 폄훼하려고 시도했던 것처럼 말입니다.

하지만 트로이카 권력과 보수언론의 비판에는 역으로 이용해야 할 중요한 포인트가 담겨 있습니다. 그들의 주장이 아예 근거 없는 것이 아니라는 점에서 그렇습니다. 스마트 정보와 의지, 스마트 권력의 가장 큰 장점과 생명력은 그것이 노마드 에너지를 갖고 있다는 점입니다. 노마드 에너지가 무엇입니까? 맺힘이 없이, 머무름이 없이 질주하는 힘입니다. 그렇기 때문에 스마트 정보와 의지에는 자칫 스스로를 해칠 수도 있는 내용과 힘이 담길 수도 있습니다. 노마드 에너지는 강력한 원심력을 갖고 있기 때문에 잘못된 정보가 스마트 인프라와 정보에 담길 경우 그 폐해는 상상을 초월할 수도 있습니다. 잘못된 정보와 의지가 미처 통제할 수도 없이 스마트 인프라를 타고 확산되며 스마트 권력의 에너지를 스스로 해칠 가능성이 높다는 얘기입니다.

문제는 노마드 에너지인 스마트 정보와 의지를 완벽하게 통제하는 게 불가능하다는 점에 있습니다. 트위터나 페이스북을 타고 잘못된 정보가 확산될수록 기존 권력은 스마트 권력에 대한 공격의 고삐를 더욱 강하게 조일 것입니다. 사안에 따라 애플, 구글, 페이스북 등 스마트 인프라 업체를 통제하려는 빌미로 활용될 수도 있을 것입니다. 이런 움직임은 벌써 현실로 드러나고 있습니다. 반권력 운동의 전사를 자처하고 나선 위키리크스의 전 세계적인 폭로에 맞서 세계 주요국은 위키리크스의 줄리안 어샌지와 그에 대한 동조세력을 사악한 아나키스트로 규정하고 그들을 몰아내기 위해 골몰하고 있습니다. 무정부주의를 뜻하는 아나키즘은 반권력 운동의 극단에 위치해 있습니다. 반권력 운동의 지속적인 좌절이 낳은 사생아인 셈입니다. 아나키스트들은 권력의 억압과 폭력에 맞서 그 이상의 폭력을 정당화하곤 합니다. '이에는 이, 눈에는 눈'이라는 논리입니다. 주요 자본주의 국가들은 앞으로도 스마트 권력의 선두주자들에게 아나키스트 등 각종 혐의를 뒤집어씌우며 이들을 공식 무대에서 제거하기 위해 혈안이 될 것입니다. 물론 거대한 스마트 세계의 거대한 스마트 의지와 권력을 제거하기 어렵다는 점을 알면서도 말입니다. 그들에겐 선택할 여지가 별로 없기 때문입니다.

스마트 세계는 지금까지의 반권력 운동과 마찬가지로 다분히 낭만적인 성격을 보이고 있습니다. 어쩌면 이것은 스마트 의지와 권력의 가장 기본적인 특성으로 유지될 것입니다. 왜냐하면 반권력인 스마트 권력은 기층 민중의 감정, 느낌, 상식, 윤리에 기반해 형성되고 유지되며 확산되는 것이기 때문입니다. '나와 같은 생각과 느낌을 갖는 사람들이 저토록 많구나' 하는 연대의식은 스마트 권력 확산의 핵심기반 중 하나이기 때문입니다.

하지만 이 같은 낭만성이 스마트 권력의 기반을 스스로 해치는 독이 될 수도 있습니다. 낭만성이 체계적인 통제와 사려 깊은 배치와 결합하기란 매우 어려운 일입니다. 노마드 에너지인 스마트 정보와 의지가 낭만성과 결합한다는 점을 감안할 때 스마트 에너지의 체계적인 결집과 스마트 권력의 질서 있는 형성과 확산에 중대한 걸림돌이 될 수도 있습니다.

그렇다면 스마트 권력의 미래는 다른 반권력 운동처럼 암울한 것일까요? 절대 그렇지 않습니다. 이 장에서 스마트 권력의 이중성을 살펴본 이유는 이 같은 한계와 오류에 빠져선 안 된다는 경고의 메시지를 전달하기 위해서입니다. 스마트 권력이 아마추어리즘과 낭만주의를 벗어나 진정한 야성의 본능을 갖고 전 세계를 질주하기 위해서는 어떻게 해야 할지 고민하기 위한 것입니다. 이제 우리의 시선은 스마트 세대를 뛰어넘는 스마트 인류를 향해 나아갑니다.

위대한 거인족, 스마트 인류의 탄생

PART 7

■ ■ ■

　위대한 철학자로 추앙받는 플라톤은 철인정치를 주창했습니다. 그의 스승인 소크라테스는 '우매한' 시민의 결정에 따라 독배를 마시고 죽임을 당했습니다. 대중에 의해 위대하고 선량한 철학자가 죽어야 하는 일을 겪은 그는 엘리트주의로 기울게 됩니다.

　플라톤은 이성과 덕과 감정조절 능력을 갖춘 철학자가 정치를 맡아야 한다고 설파했습니다. 그는 대중의 욕망에 대해 회의적이었습니다. 대중은 변덕이 심하고 좁은 시야에 갇혀 있기 때문에 그들의 판단은 잘못된 방향으로 나아가기 일쑤라는 게 그의 생각이었습니다. 철학자도 물론 오류를 범할 수 있지만 그나마 대중보다 낫다고 봤습니다. 그래서 플라톤의 '이데아Idea론'이 등장하게 됩니다. 플라톤의 이데아는 최고 수준의 이성, 절대 불변의 진리, 그 자체로 완전한 초월을 뜻합니다. 영원불변하고 단일한 그 무엇으로, 끊임없이 변하는 감각 세계 위에 놓인 궁극의 존재입니다. 그에게 현실 세계는 이데아를 향해 나아가지만 결국 이데아에 도달할 수 없는 가상의 세계였습니다.

　플라톤의 이데아론 이후 서양은 물론 동양에서 비슷한 개념들이 끊임없이 등장하고 사라졌습니다. 이데아론은 그 자체로 매우 중요한 철학적 접근이자 개념이었지만 지배계급과 권력의 입맛에 맞아떨어지는 것이기도 했습니다. 현실 세계를 지배하거나 뛰어넘는 궁극의 그 무엇이 있다고 주장하는 것은 지배권력이 흔히 사용했던 통치 방식이었습니다. 현재 권력이 바로 그 궁극의 그 무엇에, 보다 가까운 우월한 존재이기 때문에 지배 능력과 권한을 갖고 있다고 주입시켰습니다. 중세 유럽의 유일신을 통한 지배, 왕권은 신으로부터 받은 것이라는 신성불가침 주장 등이 대표적인 사례입니다. 많은 차이점을 보이긴 하지만 성리학 역시 이런 성격을 갖고 있습니다. 성리학의 '이理', '성誠', '도道' 등은 우주를 관장하는 궁극의 원리이자 본질입니다. 유학과 성리학이 춘추전국 시대 이후 그토록 오랫동안 지배권력의 핵심 지배가치로 유지된 것은 다 이유가 있습니다. 우리 역시 통일신라 이후 조선 시대까지 1000년이 넘도록 성리학은 지배 계급의 훌륭한 통치 무기로 활용됐습니다.

인류의 철학과 지배 사상을 보면 플라톤 식의 '지배층=선민' '초월의식'이 대세를 이뤘습니다. 이런 사상들은 고대 사회의 노예, 봉건 중세의 농노는 물론 근대 이후 국민들조차 지배층에 비해 더 불안하고 열등한 존재라는 전제를 깔고 있습니다. 근대 이후 대의 민주주의 체제가 등장해 대세로 굳어짐에 따라 이 같은 초월의식은 수면 아래로 내려갔습니다. 드러내 놓고 철인정치, 귀족정치, 왕권정치의 시행을 주장하면 시대에 뒤떨어진 정신병자 취급을 받기 딱 좋기 때문입니다.

하지만 과연 대의 민주주의 체제에서 정말 국민이 주인일까요? 국민이 주인으로서의 권리를 갖고 이것을 제대로 행사하고 있습니까? 몇 년 만에 한 번씩 돌아오는 선거에서 투표하는 것이 국민이 주인이라는 증거입니까? 이런 질문은 언뜻 멍청한 물음처럼 보일 수도 있습니다. 하지만 주변을 둘러보면 과거의 낡은 열등의식이 끈질기게 우리 의식의 밑바닥에 깔려 있다는 것을 금세 알 수 있습니다. "어련히 높은 분들이 알아서 잘 하겠어" "권력은 특별히 선택된 소수가 행사하는 것"이라는 고대와 중세 사회의 길들여진 의식이 21세기인 지금도 뿌리 깊게 살아남아 있습니다. 정치는 숙련된 정치인의 몫이고 통치 역시 숙련된 권력자나 관료들이 맡아야 한다는 생각은 아직 우리 주변에서 생생하게 살아 있습니다.

거창하게 플라톤을 들먹인 이유는 바로 스마트 의지와 권력에 대한 비판이 바로 플라톤 식의 시각에서 출발하기 때문입니다. "경험이 부족하고 이성보다는 감정에 치우치기 쉬운 스마트 세대나 집단이 생성하고 확산시키고 있는 스마트 권력이 오죽 하겠나" 하는 비판이 나올 것입니다. "기껏해야 기존 권력의 문제점을 지적하는 여러 비판 흐름 중 하나에 불과할 것"이라는 의견도 나올 것입니다.

스마트 권력은 반권력입니다. 스마트 권력은 주로 분노와 저항으로 표출됩니다. 스마트 권력의 출현은 인류 역사 발전에서 필연적입니다. 스마트 인프라와 평등의지가 결합하는 것도 필연적 흐름입니다. 하지만 스마트 권력과 관련해 무시해서는 안 되는 여러 문제점도 나타나고 있습니다.

스마트 권력은 등장과 함께 극복해야 할 과제를 안고 있습니다.

스마트 권력은 성장통 없이 순조롭게 항해할 수 없습니다. 인류 역사상 최초로 등장한 반권력이기 때문에 전인미답의 길을 걸어야 합니다. 그 길은 평탄하지 않을 것이고 자칫 항로를 잃어 좌초할 때도 있을 것입니다. 스마트 권력은 아주 여리고 다치기 쉬운 신생아일 뿐입니다.

나꼼수는 스마트 권력이 결집됐을 때 얼마나 큰 영향력과 파괴력을 발휘하는지 보여 줬습니다. 정치 무관심 세대인 10~20대 사이에 정치 열풍을 일으키며 기존 권력을 두려움에 떨게 했습니다. 특유의 비꼬기와 독설, 욕설로 트로이카 권력의 뒤에 놓인 욕망을 들춰 그 실체를 폭로해 나갔습니다. 반대자들은 나꼼수의 저격에 치를 떨었지만 나꼼수의 패널들은 지지자들 사이에서 그 어떤 유명 연예인 못지않은 인기를 누렸습니다.

하지만 나꼼수는 이름처럼 애초 탄생의 한계를 가질 수밖에 없었습니다. 이명박 정부의 '꼼수'를 폭로하기 위해 그에 저항하는 새로운 '꼼수'를 선택한 결과 나꼼수는 꼼수를 넘어 새로운 지향으로 나아가지 못했습니다. 엄숙주의를 비웃으며 폭로에 일관했지만 새로운 지향을 제시하지 못했습니다. 나꼼수는 마당극처럼 청취자의

'마음'과 '분노'와 '상식'에 호소했습니다. 하지만 공감하는 마음들을 한 곳으로 응집시켜 새로운 에너지로 전환시키지 못했습니다. 중간중간 나쁜수가 여러 구설수에 휘말리며 위태로운 행보를 한 이유는 바로 이것 때문일 것입니다.

의지를 현실 속에서 지속적으로 실현하기 위해서는 반드시 그 의지를 담아 추진하는 그릇이 필요합니다. 또 필요할 때마다 그 의지를 구체적인 에너지로 분출시키는 장치를 가져야 합니다. 인류 역사상 평등의지를 담은 저항이 숱하게 나타났지만 대부분 실패로 끝난 것은 바로 그릇과 장치를 제대로 갖고 있지 못했기 때문입니다. 한정된 지역의 의지, 특정 계층의 노력만으로는 기존 권력의 굳건한 기반을 무너뜨릴 수 없었던 것입니다.

스마트 권력은 인류 역사상 최초로 평등의지의 분출을 위한 안정적인 그릇을 확보했다는 점에서 완전히 다른 발전의 길을 예상할 수 있습니다. 앞에서 살펴봤듯 스마트 권력은 스마트 인프라라는 훌륭한 그릇을 갖고 있습니다. 스마트 인프라에 올라탄 스마트 정보에는 평등을 향한 스마트 의지와 분노가 지속적으로 담기게 될 것입니다. 하지만 스마트 의지와 분노가 질서있게 표출되지 않는다면 한낱 지나가는 물결에 그칠 수 있습니다. 옆집에서 일어나는 사건만큼이나 쉽게 잊힐 것입니다. 플라톤이 얘기했듯 대중의 변덕에 따라 출렁이다 금세 사그라지는 해프닝이 될 것입니다. 하루에도 수많은 스마트 정보들이 올라오지만 그것들에 질서와 의지가 제대로 담기지 않는다면 덧없이 흘러가는 강물에 불과할 뿐입니다.

그렇다면 스마트 권력이 반권력으로서 의미 있게 성장하기 위해서는 무엇이 필요할까요? 스마트 권력이 대중의 우매함을 뛰어넘어 현실 변화를 일으키는 실제적인 동력이 되기 위해서는 어떤 조건이 필요할까요? 스마트 권력은 과연 트로이카 권력의 견고한 성을 무너뜨릴 수 있을까요?

스마트 권력은 반권력 의지와 힘이 모여 만들어진 에너지입니다. 스마트 권력은 현실 권력처럼 권력을 손에 움켜쥐고 행사하려는 욕망과는 형성 원리부터 차별화됩니다. 하지만 그렇다고 그 힘이 약할 것이라고 생각해선 안 됩니다. 스마트 권력은 마치 공기처럼 전 세계 스마트 인프라와 정보에 스며들어 끊임없이 그 힘을 입증할 것입니다.

스마트 권력이 의지와 힘을 제대로 발휘하기 위해서는 전 세계에 모래알처럼 흩어져 있는 스마트 의지가 결집해 '스마트 집단지성'으로 발전해야 합니다. 스마트 집단지성은 전 세계를 누비는 스마트 정보와 스마트 의지의 새로운 집합체가 될 것입니다. '스마트 인프라→스마트 정보→스마트 의지→스마트 집단지성→스마트 권력'이란 발전단계를 그려볼 수 있습니다. 이 단계는 '스마트 권력→스마트 집단지성→스마트 의지→스마트 정보→스마트 인프라'로 거꾸로도 진행될 것입니다. 스마트 권력이 강해질수록 스마트 집단지성과 의지와 정보가 강화되고 스마트 인프라의 새로운 변화를 이끌어

낼 것입니다.

스마트 집단지성은 이중의 힘을 갖고 있어 그 어떤 저항보다 강력할 것입니다. 스마트 인프라와 정보를 기반으로 하고 있는 만큼 무한 확산과 팽창의 에너지를 갖게 됩니다. 동시에 스마트 분노와 의지가 특정 목표와 이슈에 따라 결집된다는 점에서 강력한 응집 에너지를 발휘하게 됩니다. 전 세계를 누비는 수많은 스마트 정보와 의지가 특정 목표와 사안에 따라 한꺼번에 압축된다면 그 힘은 상상을 초월할 수도 있습니다.

스마트 집단지성과 스마트 권력은 늘 올바를까요? 10명, 100명, 1000명의 분노와 의지가 아니라 1억 명, 10억 명의 분노와 의지가 결집한다면 그 방향은 올바른 것이 될까요? 우리는 위키피디아의 야심찬 시도에서 아주 좋은 사례를 볼 수 있습니다.

2001년 영문판 사이트로 출범하며 세상에 등장한 위키피디아는 21세기 집단지성 실험의 상징이 됐습니다. 위키피디아는 사용자가 참여하는 온라인 백과사전으로 참여자가 편집권을 갖고 다수에 의해 매일매일 실시간으로 수정됩니다. 위키피디아는 스마트 인프라를 이용해 인류 역사상 최초로 집단지성의 형성을 꾀하고 있습니다. 쉽게 말해 지구촌 스마트 세대가 쌓아 올리는 '지식 바벨탑'이라 할 수 있습니다. 지구 한켠에 있는 누군가가 위키피디아 사이트에 특정 정보를 올려놓으면 다른 사람이 그것을 보고 자신의 판단에 따라 순서와 내용을 바꿉니다. 이런 일련의 과정을 거치며 그 특정 정보는 내용이 더욱 풍부해지며 점점 발전해 나갑니다.

위키피디아는 세계에서 가장 훌륭한 백과사전으로 평가받는 브리태니커를 손쉽게 넘어섰습니다. 올라오는 정보량뿐만 아니라 내용에서도 소수의 전문가들이 만드는 브리태니커는 전 세계 네티즌이 참여해 꾸미는 위키피디아의 상대가 될 수 없었습니다. 하지만 약점도 노출됐습니다. 한때 위키피디아에 올라온 정보 가운데 언론인인 존 사이겐탈러가 존 F. 케네디와 로버트 케네디의 암살 사건에 연루됐다는 잘못된 정보가 4개월 동안 올라와 있었습니다. 또 위키피디아의 주요 기고자이자 관리자로 발탁됐던 인물이 학력을 속인 것으로 드러나기도 했습니다. 하지만 이 같은 약점은 장점과 비교해 판단해야 합니다. 위키피디아의 진정한 힘이 무엇인지, 그 장점이 어디까지 확장될 수 있을지에 주목할 필요가 있습니다.

눈치 빠른 독자는 이미 알아차렸을 것입니다. 그렇습니다. 위키피디아는 바로 스마트 인프라를 통해 형성되고 확산되는 스마트 정보의 힘과 위력을 가장 상징적으로 보여 줍니다. 위키피디아는 여러 약점을 보이기도 했지만 위키피디아의 오류가 브리태니커 오류보다 적다는 연구 보고서가 잇따라 나올 정도로 신뢰를 얻었습니다. 2005년 네이처는 위키피디아와 브리태니커를 비교 검토한 결과 "브리태니커의 강점이 위키피디아에 비해 두드러지지 않는다"며 사실상 위키피디아의 손을 들어 줬습니다. 브리태니커는 사용자들에게 항목생성과 수정권한을 부분적으로 개방하는 쪽으로 전략을 바꿨습니다. 위키피디아는 노마드 정보와 지식의 위력을 유감없이 보여주고 있습니다. 위키피디아를 통해 형성되고 발전하고 있는 집단지성은 방대함이나 신속성, 정확성에서 압도적인 성과를 내고 있습니다.

위키피디아의 시도는 스마트 의지와 권력이 형성되고 발전하는 데 중요한 이정표를 제시하고 있습니다. 서로 이해와 입장이 다른 전 세계의 수많은 참여자들이 내용을 생산하고 수정하고 다시 그것을 소비하면서 전혀 새로운, 양적으로나 질적으로 뛰어난 성과를 내고 있기 때문입니다. 위키피디아의 집단지성은 따로 떨어져 있는 지식과 의견이 갖는 한계를 극복하며 보편성과 신뢰성을 향해 나아갑니다. 특정 지역과 특정 의견을 벗어나 글로벌 차원에서 지식과 생각이 모일 때 어떤 결과가 나올지를 웅변해 주고 있습니다. 물론 시행착오도 있었습니다. 계속 문제가 발생하자 위키피디아는 2009년 생존해 있는 사람이나 기관 관련 키워드에 한정해 전문 편집 집단이 직접 관리하겠다고 밝혔습니다. 정보 오류나 거짓 정보가 올라와 사회적·법적 문제가 발생하자 대응책을 마련한 것입니다. 그 전에는 회원만 정보를 올릴 수 있도록 자격을 제한하는 조치를 취하기도 했습니다.

위키피디아가 집단지성의 놀라운 성과를 보였지만 그렇다고 집단지성이 전혀 오류가 없는 진리에 가까워진다거나 절대적인 선을 향해 나아간다고 말하는 것은 아닙니다. 중요한 것은 위키피디아에서 나타난 글로벌 협업의 결과가 지금까지 시도한 그 어떤 실험보다 놀라운 결과를 낳았다는 점입니다. 세계적 차원에서 진행되는 확산과 팽창, 그 과정에서 응축되는 집단지성이 개인, 소수집단, 특정 국가의 한계를 벗어나 보다 높은 차원을 향해 상승할 가능성과 능력을 갖고 있다는 게 중요합니다.

위키피디아에서 나타난 집단지성의 우월성은 스마트 권력에서도 나타날 것입니다. 스마트 권력은 소통과 교류를 지향합니다. 글로벌 차원에서 스마트 정보와 의지가 모이고 응집돼 새로운 차원의 정보와 의지로 전환하게 될 것입니다. 일단 형성되면 한 곳에 머무는 것이 아니라 매일매일 실시간으로 글로벌 차원의 상호작용 속에서 이제까지 우리가 보지 못했던 새로운 형태의 에너지를 지니게 될 것입니다. 위키피디아에서 자발적인 참여와 소통으로 새로운 지식과 정보가 끊임없이 성장하듯 스마트 권력을 형성하는 스마트 의지와 정보도 그러할 것입니다. 지금 이 순간도 트위터, 페이스북, 유튜브 등 스마트 인프라를 타고 흘러넘치고 있는 정보와 의지들은 새로운 지평을 향해 나아가고 있습니다.

다만 위키피디아처럼 스마트 권력을 형성하고 확산시키는 계기가 필요합니다. 불을 지펴야 한다는 말입니다. 이런 점에서 앞으로 스마트 의지와 스마트 권력의 확산을 지향하는 정치집단이 출현할 것입니다. 이 집단은 글로벌 차원의 스마트 집단지성에 힘을 불어넣고 그 에너지를 모아 나갈 것입니다. 그럼으로써 기존 권력에 보다 효과적으로 저항하며 기존 권력의 문제점을 분쇄해 나갈 것입니다.

스마트 정치집단은 지역에서는 단체의 모습을, 국가 차원에서는 정당의 형태를 취할 것입니다. 하지만 노마드 에너지를 갖고 있는 스마트 권력을 담아 내는 조직은 인류 역사상 가장 유연한 조직이 돼야 합니다. 구성원의 숫자와 성향을 명확히 규정짓지 않는 단체, 당원이 몇 명인지 정확히 알 수 없고 알 필요도 없는 연체동물 같은 정당이 돼야 합니다. 스마트 정치지성과 스마트 정당은 필요하다면 순식간에 결집해 스마트 권력의 응축된 에너지를 분출할 것입니다. 촛불집회에서 우리는 스마트 권력의 씨앗을 보았습니다.

스마트 정치집단·권력은 궁극적으로 스마트 인프라와 결합하는 형태를 취할 수도 있을 것입니다. 왜냐하면 애플, 구글, 페이스북 등 현재의 스마트 업체들이 새로운 경제권력의 핵심으로 자리 잡으며 '배신'할 수도 있기 때문입니다. 앞에서 살펴봤듯 기존 국가·정치권력과 새로운 경제권력의 패자가 결탁하게 된다면 그 폐해는 상상을 초월할 것입니다. 따라서 스마트 권력이 지속적인 반권력으로 확산하고 성장하기 위해서는 '스마트 인프라-스마트 정보-스마트 의지-스마트 집단지성-스마트 정당-스마트 권력'을 유기적으로 연결하는 글로벌 네트워크의 형성이 필요합니다.

글로벌 차원의 반권력 흐름이라는 점에서 UN에 대항하는 스마트 권력의 국제 연합체가 등장할 수도 있을 것입니다. 2차 세계대전 이후 설립된 UN은 현재 유일한 범세계적인 국제기관인데, 미국 등 강대국의 이해관계에 따라 기존 글로벌 권력구도를 유지하고 확산시키려는 기구라는 비판을 끊임없이 받고 있습니다. 겉으로 국제 전쟁방지와 평화유지를 천명하고 있지만 UN은 미국의 이라크 침공 등 무지막지한 자본주의와 트로이카 권력의 탐욕을 제어하지 못하는 무력한 존재에 불과합니다. 스마트 권력이 글로벌 차원으로 발전해 글로벌 반권력 단체가 등장한다면 그 파괴력은 상상을 초월할 것이고 UN의 무기력함을 넘어 새로운 도전이 시작될 것입니다.

이제 우리는 매우 미묘한 문제를 다룰 때가 됐습니다. 앞 장에서 스마트 의지와 스마트 집단지성을 바탕으로 한 스마트 정치집단과 스마트 정당의 출현이 필요하다고 지적했습니다. 하지만 과연 이 같은 기대가 과연 언제쯤 현실화될 수 있을까요? 스마트 권력이 제대로 형성되고 확산되기 위해서는 반드시 스마트 의지의 정치세력화가 필요하고 그러기 위해서는 올바른 스마트 정당이 등장해야 합니다.

우선 개념부터 제대로 다듬어야 할 필요가 있습니다. 우리는 스마트 정당이란 말을 자주 듣고 또 말하고 있습니다. 하지만 현재 한국의 정치권과 언론 등에서 오가는 스마트 정당이란 말은 이 책에서 말하는 스마트 정당과는 많이 다릅니다. 이 책에서 말하는 스마트 정당은 스마트 의지를 기반으로, 스마트 집단지성과 스마트 정치집단과 유기적으로 연결돼 끊임없이 상호작용하는 정치집단을 뜻합니다. 이런 점에서 스마트 정당은 전 세계 차원의 노마드 에너지를 결집시켜 제대로 된 방향으로 분출시키는 채널이자 증폭장치라고 할 수 있습니다.

하지만 현재 한국 사회에서 범람하고 있는 스마트 정당이란 개념들은 기껏해야 스마트 기기와 스마트 인프라를 아주 원시적인 수준에서 활용하는 차원을 일컬을 뿐입니다. 스마트 인프라를 통해 정당을 홍보하는 애플리케이션을 개발한다거나 국회의원들이 트위터나 페이스북을 활용해 자신을 홍보하는 수준에 머물고 있습니다. 여야를 막론하고 대부분의 정치인들은 스마트 인프라를 홍보 수단, 자신들의 가치를 높이려는 부속 수단쯤으로 낮잡아 보고 있습니다. 현재 한국의 정치권은 스마트 권력의 위대한 역사적 의미를 제대로 인식하지 못한 채 한낱 자신들의 욕망을 실현하는 수단으로 스마트 인프라와 스마트 의지를 다루고 있는 것입니다. 2012년 4월 총선에서 두드러졌듯 정치인들은 선거를 앞두고 트위터, 페이스북 등 스마트 인프라의 활용도를 부쩍 늘립니다. 평소에는 뜸하게 접속하고 아예 활동을 중지하면서도 선거와 같은 이벤트를 앞두면 마치 언제 그랬냐는 듯 뺀질나게 스마트 인프라를 들락거리며 자신의 욕망을 실현하기 위해 분주하게 움직입니다. 그들이 말하는 스마트 정당으로의 변화는 기껏해야 이처럼 사적 욕망을 충족하기 위한 표어에 불과한 것입니다. 그들은 스마트 권력, 스마트 정당이 무엇을 뜻하는지 깨닫지 못하고 있습니다.

이처럼 정치권이 스마트 인프라와 스마트 의지를 사적 욕망에 따라 활용하려는 시도는 스마트 권력을 형성하고 확산시키는 것을 방해하는 장애물이 될 것입니다. 트로이카 권력은 갈수록 스마트 인프라에 대한 통제를 강화할 뿐 아니라 도리어 적극적으로 스마트 인프라와 스마트 정보를 자신에게 유리하게 이용하고자 할 것입니다. 트로이카 권력은 엄청난 기득권을 갖고 있기 때문에 스마트 정보의 제한과 왜곡, 스마트 인프라에 대한 적절한 견제와 억압 등을 통해 스마트 권력의 형성과 확산을 지연 또는 왜곡시킬 수 있습니다.

트로이카 권력은 게다가 빅 데이터 활용 등 막강한 힘과 권한을 손에 쥐고 있습니다. 따라서 인류 역사상 가장 강력한 반권력 운동으로 떠오르고 있는 스마트 권력의 형성과 확산을 늦추고, 가능하다면 아예 그것을 분쇄하기 위해 자신들이 갖고 있는 모든 권한과 능력을 동원할 것이 분명합니다. 스마트 인프라와 스마트 정보에 대한 견제와 왜곡을 통해 스마트 권력의 형성 과정을 왜곡시킬 경우 그들은 이미 절반의 성공을 거두는 셈이기 때문입니다.

이 같은 왜곡 현상은 이미 미국에서 부분적이지만 현실로 나타나기 시작했습니다. 미국의 정치인들은 스마트 인프라와 스마트 정보와 의지에 대한 접근을 가장 활발하게 진행하고 있습니다. 그들은 SNS 전략을 최상의 선거 전략 수준으로 끌어 올렸습니다. 이것은 미국의 스마트 인프라와 스마트 정보 환경이 세계에서 가장 빠르게 발전한 것에 대한 대응이기도 합니다. 스마트 인프라를 가장 적극적으로 활용해 온 버락 오바마 대통령의 팔로워는 2012년 기준으로 1200만 명을 넘어섰습니다. 오바마 대통령은 미국에서 스마트 인프라를 가장 잘 활용하는 지도자입니다. 2008년 8월까지만 해도 오바마는 경쟁상대였던 공화당의 존 매케인에 비해 지지율에서 5~10%포인트가량 뒤졌지만 트위터, 페이스북, 유튜브 등 각종 SNS를 중심으로 공격적인 선거운동을 펼친 결과 3개월 후 10%포인트라는 압도적인 차이로 미국 역사상 최초의 흑인 대통령이 됐습니다,

이렇듯 오바마 대통령을 비롯해 미국의 정치인들은 SNS를 그들의 정치활동을 위한 전략 지침서로 활용하고 있습니다. 여론이 어느 쪽으로 흘러가고 있는지, 그들의 정치적 행위와 선택이 어떻게 평가받고 있는지, 어떤 전략을 택해야 비판을 줄이고 인기를 높일 수 있는지를 SNS를 통해 가늠하고 있습니다. 게다가 트위터와 페이스북 등 스마트 인프라를 통해 유권자들의 성향, 욕구, 지지변화 추이 등을 광범위하게 수집해 자신들의 탐욕을 확장시킬 수단으로 활용하기 시작했습니다. 앞에서 이미 말했듯 나에게 최고의 무기는 적에게도 최고의 무기가 될 수 있습니다. 게다가 트로이카 권력은 인류 역사상 최강의 지배 장치를 갖고 있기 때문에 그들이 스마트 인프라를 적극 활용할 경우 스마트 권력은 예상치 못한 반격을 허용할 뿐아니라 오히려 궁지에 몰릴 가능성마저 배제할 수 없습니다. 구글은 발빠르게 미국 대선을 앞두고 Google.com/elections을 열었습

니다. 이를 통해 SNS에 나타난 주요 후보들에 대한 민심을 일간, 주간, 월간으로 구분해 보여 줬습니다. 후보들의 유세 동영상, 구글 플러스 활동, 구글에 게시된 관련 뉴스 등을 모아 주기도 했습니다. 이는 빅 데이터를 활용해 세계 최강국인 미국 대선 주자들에 대한 정보를 제공함으로써 구글의 영향력을 확대하려는 시도로 해석됐습니다. 이런 대응은 또 트로이카 권력과 유기적으로 접촉하고 그 속에서 자신의 영향력과 이익을 극대화하려는 스마트 업체들의 성향도 보여 줍니다.

이 같은 왜곡과 견제 시도를 막기 위해서 스마트 정당의 형성과 발전이 필요합니다. 반권력인 스마트 권력의 역사적 의의를 현실에서 왜곡 없이 구현하고 스마트 정보와 의지를 응축하고 증폭해 표출시킬 장치가 바로 스마트 정당인 것입니다.

이미 여건은 성숙했습니다. SNS의 현실 반영 능력은 갈수록 높아지고 있습니다. 지난 2009년 치러진 독일 국회의원 선거에서 SNS가 지닌 힘이 입증됐습니다. 선거 직전 SNS를 바탕으로 분석된 정당별 트위터 버즈량(SNS 영향력 지표 중 하나로 여기서는 특정 키워드가 트윗에서 차지하는 점유율을 뜻합니다)과 실제 투표량이 1~2%포인트 밖에 차이가 나지 않았습니다. 트위터를 통한 예측 정확도는 유력한 여론조사 기관들의 예측에 비해 훨씬 높은 수준이었습니다. 2012년 미국 대통령 선거전에서도 트윗 점유율과 예상 지지율은 갈수록 근접하는 양상을 보였습니다.

SNS의 현실 반영 능력이 높아졌다는 것은 거꾸로 SNS가 선거에 그만큼 큰 영향력을 발휘하기 시작했다는 것을 뜻하기도 합니다. 노마드 에너지를 담고 있는 SNS가 현실적인 위력을 키우고 있다는 것은 매우 중요한 의미를 갖고 있습니다. SNS 사용자들이 갈수록 확대되면서 스마트 정보가 스마트 집단지성이란 새로운 차원으로 성숙해 가고 있다는 것을 뜻하기 때문입니다. 앞서 살펴본 위키피디아의 놀라운 발전처럼 스마트 정보가 새로운 권력 집단지성을 향해 본격적인 응집과 확산 과정을 겪고 있다는 것을 알려 줍니다. 이제 SNS에 올라와 확산되는 스마트 정보는 단순히 여기저기 흩어져 '지저귀는('tweet'에는 '지저귀다'라는 뜻이 있음) 목소리가' 아니라 거대한 스마트 저장고에 모여 뭉쳤다가 다시 확산되는 스마트 집단지성으로 탈바꿈하고 있는 것입니다.

위키피디아의 집단지성 성과는 글로벌 스마트 인프라를 타고 형성되고 확산되는 스마트 집단지성의 놀라운 위력을 보여 주는 첫 사례에 불과합니다. 이제 그 힘을 입증하기 시작한 반권력 집단지성으로서의 스마트 집단지성은 세계 각국의 선거에 결정적인 영향력을 발휘할 것입니다. 단순히 기존 권력층이 자신의 사욕을 충족시키기 위해 동원하는 수단에 머물지 않을 것입니다. 오히려 그들의 탐욕과 비리를 폭로하며 스마트 권력의 확산을 지향해 나갈 것입니다.

스마트 집단지성은 필연적으로 본격적인 스마트 정당의 출현으로 이어질 수밖에 없습니다. 스마트 정당은 스마트 인프라, 스마트 의지, 스마트 권력 등 스마트 네트워크를 현실 속에서 연결하고 확대 재생산시키는 채널이자 증폭제의 역할을 하게 될 것입니다. 스마트 정당은 무엇보다 글로벌 소통을 지향해야 합니다. 위키피디아의 경우처럼 글로벌 협업과 상호소통을 통해 스마트 정보와 스마트 집단지성의 출현을 강력하게 추진해 나가야 합니다. 그 과정에서 스마트 권력과 평등의지를 확산하고 실현시키기 위해 현실 속에서 구체적으로 어떤 정당과 손을 잡고 어떤 정당을 배격해야 하는지 선택해야 합니다. 또 기층 민중이 정말 무엇을 원하고 있는지, 어떤 경제·정치·사회·문화 정책이 요구되고 있는지 소통 속에서 찾아내고 다시 이를 확산시키며 힘을 증폭시켜야 합니다.

스마트 정당은 분별력 있는 걸름장치를 갖고 있어야 합니다. 스마트 권력의 확산과 발전에 걸림돌이 될 수 있는 에너지 낭비와 소모를 최대한 줄여야 할 것입니다. 반권력 운동의 가장 큰 약점 중 하나인 무모한 낭만주의를 배격하고 스마트 집단지성이 제대로 형성되고 확산될 수 있도록 튼튼한 길을 마련하는 건설자이자 도우미 역할을 해야 합니다. 또 글로벌 스마트 권력의 연대를 형성하고 강화시키는 일도 스마트 정당이 갖고 있는 주요 임무가 돼야 합니다.

스마트 정당은 당연히 수권정당(집권정당)을 지향해야 합니다. 스마트 정보, 스마트 의지, 스마트 집단지성이라는 인류 역사상 가장 강력한 에너지를 기반으로 삼는 스마트 정당은 그 어떤 정당보다 강력한 힘을 갖게 될 것입니다. 무엇보다 기층 민중의 욕구가 무엇인지, 어떤 정책이 필요한지, 어떤 정책을 바꿔야 하는지, 기존 권력과 정책 가운데 무엇을 신속하게 개선해야 하는지 등을 현명하게 응축하고 확산시킬 수 있기 때문입니다.

스마트 정당은 정책 개발과 시행에서 지금까지 존재해 온 그 어떤 정당에 비해 확실한 비교우위를 갖게 될 것입니다. 글로벌 차원의 연대와 소통을 통해 거대한 스마트 집단지성이 확산될 것이고 스마트 정당은 그것을 자원으로 삼아 끊임없이 변화하고 발전할 수 있습니다. 스마트 정당은 스마트 집단지성을 통해 새로운 형태로 등장해야 할 것입니다. 새 술은 새 부대에 담아야 합니다.

여기서 우리는 중요한 한 가지 현상을 경계해야 합니다. 기존 정당이 더러운 탐욕을 속에 숨긴 채 겉모습만 바꿔 스마트 정당인 척 짐짓 위장하는 경우가 나타날 것입니다. 욕망에 사로잡힌 기존 정당들은 국가·정치권력의 새로운 주인이 되기 위해 그 어떤 수단과 방법도 가리지 않기 때문입니다.

일단 스마트 정당이 형성되고 발전하기 시작하면 스마트 권력은 기존보다 더욱 빠른 속도와 힘을 갖게 될 것입니다. 스마트 정보, 스마트 의지, 스마트 집단지성, 스마트 정당은 한 몸처럼 유기적으로 움직여야 합니다. 그 과정에서 우리는 인류 역사상 완전히 새로운 형태의 인류, 스마트 인류의 출현을 목격하게 될 것입니다.

　우리는 인류 역사상 완전히 새로운 도전을 해야 하는 세대입니다. 스마트 인프라에서 스마트 권력에 이르기까지 새롭게 등장한 도도한 흐름은 인류 역사의 권력·정치·경제·사회·문화 시스템 모두에 엄청난 충격파를 줄 것입니다. 지금까지의 변화는 시작에 불과합니다. 이제 전 세계의 스마트 세대들은 점점 자신들이 지닌 힘을 깨닫고 있습니다. 자신의 엄지에서 시작해 전 세계로 퍼져 나가는 정보와 의지의 힘을 갈수록 확실히 체험하게 될 것입니다.

　전 세계 네티즌, 전 세계 스마트 세대들은 스마트 인프라와 스마트 분노에 동참하며 새로운 형태의 인류로 성장해 나갈 것입니다. 신인류인 스마트 인류는 지금까지 등장했던 신인류와 완전히 다른 차원의 인류입니다. 전 세계를 누비며 확산과 팽창에 몰두하면서도 한 곳에 에너지를 집중시키며 가공할 폭발력과 영향력을 발휘하는 인류일 것입니다.

스마트 인류는 특정 지역과 국가, 한정된 계급과 계층의 이해관계를 뛰어넘어 전 세계 스마트형 인간의 의지와 분노와 욕구를 포괄할 것입니다. 스마트 인류가 어떤 모습을 갖게 될지 지금으로서는 가늠하기 어렵습니다. 전 세계 스마트 세대의 의지와 욕구가 실시간으로 교류·확산되며 어떤 방향으로 응집될지, 그들의 에너지가 얼마나 강력하게 결집될지 예상하는 것은 애초 불가능합니다.

스마트 인류의 출현은 사실 보잘것없어 보이는 작은 스마트폰에서 시작합니다. 우리 각자의 엄지에서 스마트 인류는 출현합니다. 우리의 뇌와 심장에 모아진 에너지는 엄지를 통해 스마트폰에 담깁니다. 스마트 인프라로 연결된 전 세계의 스마트폰은 스마트 정보·의지를 끊임없이 무한 생산·확산시키고 그것은 전 지구적 차원의 스마트 권력에 에너지를 공급합니다. 글로벌 스마트 권력은 다시 역의 과정을 거쳐 우리 각자를 스마트 인류로 바꿉니다.

스마트 인류는 폭압적인 국가·정치·경제권력에 맞서 골방에서 홀로 한숨짓지 않습니다. 삼삼오오 손을 잡고 일어서지만 곧 강력한 권력의 힘에 부딪혀 깨져버리는 달걀족이 아닙니다. 주동자 몇 명을 잡아 가두면 곧 힘을 잃고 와해되는 두부조직이 아닙니다. 권력에 맞서 떨쳐 일어났지만 권력을 나눠 갖는 순간 얼굴을 바꿔버리는 야누스 족도 아닙니다.

스마트 인류는 끊임없이 세포분열하며 결코 죽지 않는 아메바 족이 될 것입니다. 일단 폭발 에너지에 올라타면 끝없이 팽창하며 영역을 넓혀가는 우주족이 될 것입니다. "이게 바로 스마트 인류다"라고 몇 마디로 정의내릴 수 없을 만큼 많은 얼굴을 지닌 유령족이 될 것입니다. 그 힘과 에너지가 어느 정도인지 감히 짐작조차 하기 어려운 위대한 거인족이 될 것입니다.

여러분은 당연히 지금까지 제가 펼친 주장에 여러 반응을 보일 것입니다. "뭐 이런 황당무계한 설이 있어"라며 거부 반응을 보일 수도 있습니다. "그래, 완전히 공감하긴 어렵지만 그럴 듯해"라는 중립적인 해석도 나올 것입니다. 또는 "그래, 바로 이것이다. 정확히 알 순 없었지만 내가 스마트폰을 만지작거릴 때 스쳐 지나가는 그 어떤 가능성에 대한 느낌이 바로 이것이었구나" 하며 공감하는 예비 거인족도 있을 것입니다.

하지만 스마트 인프라와 스마트 정보가 인류 역사상 전혀 새로운 시도이고, 그래서 완전히 다른 에너지와 영향력을 발휘할 것이라는 점에 대해서는 이견이 없을 것입니다.

우리는 스마트 인류의 출현을 목격하는, 아니 스마트 인류의 출현에 동참하는 첫 세대가 될 것입니다. 우리의 엄지들이 모이고 모여 인류 역사상 등장한 적이 없는 가공할 만한 거인족이 이제 막 탄생하려 하고 있습니다. 스마트 인류는 신화 시대에 사라진 타이탄족이 아닙니다. 스마트 인류는 아마도 스마트 1세대, 스마트 2세대, 스마트 3세대 등으로 끊임없이 진화를 거듭할 것입니다. 그리고 힘과 에너지와 가능성을 확인한 스마트 권력과 스마트 인류는 점점 자신감을 갖고 세계를 바꿔 나갈 것입니다.

자, 이제 우리는 결단을 내려야 합니다. 스마트 인류가 될 것인가, 아니면 스마트 인류의 등장을 애써 외면하는 반反스마트 인류가 될 것인가. 스마트 인류가 되고자 마음먹었다면 우리는 무엇을 해야 할까요? 우리의 엄지는 스마트폰의 어디를 어떻게 클릭해야 할까요?

스마트 인류가 되고자 마음먹었다면 우리의 엄지는 그만큼 큰 책임을 갖게 됩니다. 스마트폰을 만지작거리는 편리성과 즐거움 위에 우리의 진심 어린 의지와 욕구를 담아야 합니다. 나의 엄지가 다른 전 세계 엄지들과 연결되고 그 과정에서 세상을 바꿀 에너지가 창출되기 때문입니다.

위대한 거인은 조급하지 않습니다. 위대한 거인의 한 걸음은 100만 명, 1000만 명의 걸음보다 더 멀리 나갑니다. 위대한 거인의 심장은 느리지만 한 번의 움직임만으로 세상에 에너지를 공급합니다. 위대한 거인의 포효는 앞에 놓인 온갖 장애물을 한꺼번에 쓸어버리며, 위대한 거인의 시선은 어느 누구도 본 적 없는 우주 저 먼 곳을 향합니다.

그리고 우리의 엄지가 이 위대한 거인을 만듭니다.

한참을 잊고 지냈습니다. 어릴 적 꿈이 무엇이었는지. 그러니까 중학교 2학년 때 품었던 꿈을 떠올리고 그것 때문에 다시 가슴이 뛰기까지 정확히 31년이 걸렸습니다.

그때 꿈은 '이 시대 최고의 사상가가 되자'는 것이었습니다. 엉성했지만 당찬 목표였습니다. 중학교 2학년 꼬마에게 '사상가'라는 단어와 목표는 아주 추상적인 것이었지만, 그럴수록 더욱 멋져 보였습니다.

당시 사춘기를 겪기 시작하며 한꺼번에 밀려든 고민 때문에 무척 힘들었습니다. 다들 겪는 질풍노도의 시기가 제게는 좀 길었고 충격은 더 셌던 것 같습니다. 걸핏하면 내면을 들쑤시는 이상한 충동 때문에 가슴이 터질 것처럼 힘들었고 그럴 때면 늘 도망치듯 책을 손에 잡았습니다. 닥치는 대로 읽어 내려갔지만 적어도 책을 읽을 때면 심장을 뒤흔드는 알 수 없는 충동을 잠시 가라앉힐 수 있었습니다.

중학교 2학년짜리에게 칸트, 헤겔은 난해한 암호문이었습니다. 위대한 철학자들의 사상 속에서 방향 없이 갈팡질팡하는 내면의 에너지를 제어할 방법을 찾았지만 공허한 메아리만 울릴 뿐이었습니다. 어찌 보면 아주 깔끔하고 선명한 내용일 것도 같았는데, 한자와 추상명사들로 얼키설키 이어진 책은 "접근하지 마"라고 말하는 것 같았습니다.

그때 섬광처럼 한 권의 책이 다가왔습니다. 지두 크리슈나무르티Jiddu Krishnamurti의 『아는 것으로부터의 자유』는 한동안 제 삶을 빨아들였습니다. "인간은 언어에 의존할수록 진정한 깨달음과 자유로부터 멀어진다"는 그의 통찰은 매우 단순했지만 명쾌했습니다. 주제넘게 어려운 책을 들고 끙끙거리던 중학교 2학년짜리에게 탈출구를 열어주는 것처럼 보였습니다.

크리슈나무르티는 언어와 단어에 인간의 욕망이 달라붙게 되기 때문에, 언어에 의존할수록 욕망을 키울 수밖에 없다고 설파했습니다. 그가 대안으로 제시한 것은 불교의 참선일 수도 있고, 유학의 도학일 수도 있었습니다. 하지만 제가 느낀 것은 자신의 내면을 찬찬히 들여다보며 언어를 초월한, 또는 벗어난 그 어떤 세계로 들어가자는 것이었습니다. 그 세계에는 자신의 모습을 비춰주는 명증한 거울이 있어 깨달음으로 이끌 수 있을 것 같았습니다.

그때 그의 책을 여러 번 반복해서 읽으며 잠시나마 위안을 받았습니다. 그의 말을 듣기 위해서는 한글로 번역된 책에 적혀 있는 단어와 언어들을 통해야 했는데, 묘하게도 그의 글들은 머리가 아닌 가슴으로 느끼게 하는 그 어떤 에너지를 담고 있었습니다.

긴 방황과 짧은 안도감이 교차하는 가운데 중학교 2학년짜리는 문득 '이 시대 최고의 사상가가 되자'고 다짐했습니다. 가물가물하지만 묻혀 있던 기억의 파편들을 모아 보면 '어느 시대나 그 시대를 사는 사람들에게 핵심 과제를 제출한다. 그 과제가 무엇인지 알고, 그 과제를 제대로 해결하기 위해서는 어떤 길을 찾아가야 하는지 제시하는 사람이 되자'는 다짐이었습니다.

그때는 정말이지 이런 생각을 하며 스스로에 도취되어 가슴이 한껏 부풀어 오르기도 했습니다. 아니, 그랬던 것으로 기억합니다. 정확히는, 그랬던 것 같습니다.

사상가가 되겠다는 목표를 잡으면서 '신문기자가 돼야겠다'는 결심을 했습니다. 공허한 이론을 붙좇는 이론가가 아닌 현장에서 삶을 들여다보는 사람이 되겠다는 취지였습니다.

하지만 정작 신문기자를 삶의 방편으로 삼게 되면서부터는 꿈을 잃어갔습니다. 처음에는 '이러면 안 되는데……' 하는 불안감도 있었지만 그뿐이었습니다. '지금은 이렇지만 난 결코 변하지 않을 거야'라는 되새김도 이내 잦아들었습니다.

이것은 스스로 자초한 일이었습니다. 지금에야 명확히 알게 된 사실이지만, 기자가 되려 한 목표가 흐릿해지자 빈 공간을 욕망이 가득 채웠습니다. 결코 '갑'이 아니었는데 그렇게 믿으며 살아가려 했습니다. 아니, 스스로 갑이라고 철석같이 믿고 그렇게 살아왔습니다. 마음 한쪽에서는 '이게 아닌데……'라는 경고음이 계속 울리고 있었지만 알량한 욕망에 사로잡힌 감각은 그것을 계속 무시했고, 이 경고음은 술자리에서 치기 어린 무용담을 보다 그럴싸하게 포장하는 배경으로 활용되었습니다.

이제 저는 갑에 대한 미련을 내려놓기 위해 노력하고 있습니다. 갑의 위치를 내려놓으려는 시도가 아닙니다. 애초에 단 한 번도 갑이었던 적이 없기 때문에 그것을 내려놓을 수가 없는 것이지요. 기자는 갑이 아닐뿐더러 갑처럼 행동하지 말아야 한다는 것을, 늦었지만 이제라도 깨달은 게 다행입니다.

어설픈 욕망을 내려놓는 과정에서 삶의 여유가 조금 생겼기 때문일까요. 어느 날 새벽, 중학교 2학년 때의 꿈이 꿈으로 선명하게 되살아났습니다. 크리슈나무르티의 책을 읽으며 얼마나 가슴이 벅찼는지, 책장이 너덜거리도록 『데미안』을 읽으며 얼마나 커다란 환희를 느꼈는지, 먼지에 짓눌려 있던 기억들이 선명한 그림과 함께 다가왔습니다.

이 책은 조금씩 되살아나고 있는 꿈과 함께 시작한 글입니다. '이시대 최고의 사상가가 되겠다'는 꿈이 다시 가슴에서 꿈틀거리며 제 머리와 가슴과 손가락은 조바심을 내기 시작했습니다. 오래전 갈림길에서 잘못된 선택으로 길을 잃었기 때문에 다시 길을 되짚어야 했습니다.

그런데 되돌아오는 길이 생각보다 어렵지 않았습니다. 스스로도 '이상하다. 왜 이렇게 수월하지'라고 생각할 정도였습니다. 그래서 다시 깨달았습니다. 지금 이 책과 더불어 걷기 시작한 길은 30여 년 전 꿈을 향한 것이기에 그렇다는 것을 말입니다.

'스마트 권력'을 제 첫 책의 주인공으로 삼은 것은 이 때문입니다. 오래전 꿈을 되살리는 작업은 중학교 2학년 때의 나와 30여 년이 지난 나 사이의 '소통'에서 시작해야 했습니다. 소통의 '달인'까지는 아니더라도 열린 눈과 마음과 가슴으로 중학교 2학년 때의 나를 사랑하고, 지금의 나를 격려하는 자세가 절실했습니다.

스마트 권력의 등장과 역사적 의의에 대해 수년 동안 끊임없이 관심을 기울이고 곱씹었음에도 막상 글쓰기를 시작하지 못했던 것은 불소통의 삶을 살았기 때문일 것입니다. 과거와 현재의 나 사이에 놓인 단절을 소통시키는 과정에서 스마트 권력에 대해 갖고 있던 생각과 느낌과 판단이 더욱 명확해졌습니다.

이 책은 '소통하는 권력이 가능한가' '소통하는 정치인이 등장하기 위해서는 무엇이 필요한가'라는 문제의식에서 출발합니다. 이것은 '과거의 나와 지금의 나를 소통시키기 위해서는 어떻게 해야 하나'라는 개인적인 문제의식의 확장입니다.

권력은 단절과 배제를 기본 속성으로 갖고 있습니다. 권력을 잡은 자는 그렇지 못한 자를 소외시키고 고립시키고 배제시키려 합니다.

우리는 주변에서 "소통해야 한다"는 말을 지겹도록 듣고 있지만 정작 소통하는 정치를 거의 보지 못했습니다.

그래서 권력이 왜 그렇게 소통에 인색하고, 소통을 그토록 철저하게 거부하는지 살펴봐야 했습니다. 과거의 나와 지금의 나처럼 권력이 소통을 외면할 수밖에 없는 이유를 '욕망'에서 찾았습니다. '권력을 향한 의지Will to power'는 '돈을 향한 의지'로 연결되고 자신에게 유리한 현 상황을 '언제까지나 유지하려는 의지'로 이어지는데, 그 연결고리는 바로 탐욕입니다.

탈출구는 무엇일까요? 과연 탈출구가 있을까요? 저는 반권력 운동인 스마트 권력에서 그 희망을 찾았습니다. 글로벌 차원의 소통, 연결, 연대, 공감이 모여 형성되는 스마트 권력은 인류 역사상 가장 커다란 힘을 발휘하는 반권력 운동으로 나아갈 것입니다. 잊혔던 과거의 꿈을 찾아 나섰던 작은 소통의 길이 글로벌 차원의 소통을 꿈꾸는 안내길이 됐던 것입니다.

이 책은 완전무결한 논리를 주장하고 있지는 않습니다. 선사시대부터 현대에 이르기까지 등장했던 권력의 세세한 차이점에 주목하지도 않습니다. 국가·정치·경제권력의 시대별, 국가별 차이점도 다루지 않습니다. 대신 '소통'을 날줄로, '자유와 평등을 향한 의지'를 씨줄로 삼아 역사를 새롭게 비춰보고자 노력했습니다.

스마트 인프라·정보·집단지성·권력이 등장하지 않았다면 이처럼 역사를 바라보는 것은 돈키호테식 무모함에 불과했을 것입니다. 글로벌 차원의 소통이 가능해지고 스마트 권력이 형성되고 있기 때문에 이 같은 접근은 한낱 꿈이 아닌, 대담한 시도가 될 수 있습니다.

과거의 꿈과 현실의 나를 연결 짓기 위한 노력에서 시작된 이 책은 새로운 꿈을 향한 가능성을 담고 있습니다. 크리슈나무르티가 꿰뚫었듯 모든 것을 언어로 표현하려는 시도는 조급함과 욕망 때문에 길을 벗어나곤 합니다. 다소 엉성하더라도 여백을 통한 대화의 가능성을 남기고자 노력했습니다. 눈과 머리만으로 읽는 책이 아닌 가슴으로 느끼는 책을 쓰고자 했지만, 의도대로 독자들에게 잘 전달이 될지 염려가 됩니다. 하지만 스마트 권력이라는 다소 낯선 단어에 새로운 느낌과 감정과 의미를 부여했고, 이것이 독자 여러분과 공감의 영역을 형성하게 된다면 이 책은 소임을 다했다고 생각합니다.

스마트 권력의 미래는 완전히 열려 있습니다. 이 책에서 꿈꾸는 스마트 권력의 미래는 '정말 그랬으면 좋겠다'는 기대감과 현실 속에서 진행되고 있는 실제 흐름 사이에서 끊임없이 긴장과 갈등을 겪을 것입니다. 과거의 꿈과 지금의 현실 사이에서 끊임없이 움직이며 서성이는 모습처럼 말입니다.

과거의 꿈을 지금 이 순간 되살리고 그것을 다시 미래로 밀고 가는 일은 결코 쉽지 않을 것입니다. 오랜 단절을 딛고 잃어버렸던 꿈을 다시 불러오는 작업은 지금의 나를 완전히 개조하는 일과 맞물려 있기 때문입니다.

이 책은 꿈을 되살리려는 의지의 산물입니다. 책을 쓰면서 소통을 생각했고 확대된 '나'를 꿈꿨습니다. 이 책은 과거의 꿈과 현재의 나를 소통시키기 위한 한 개인의 땀을 담고 있습니다. 그 땀 속에 담긴 간절함이 확대된 '우리'를 향해 나아가고픈 욕망을 건드렸다면 이 책은 세상에 나온 값어치를 다하는 것입니다.

에필로그를 막상 쓰려는데 갑자기 찾아온 질문이 있었습니다. "정말 내가 이 책을 왜 쓴 걸까?" 뇌와 심장에 쌓여 있던 것들을 담담하게 추려내고 그것을 과거의 꿈과 연결 짓는 작업은 그만큼 무심해야만 가능했었던 것 같습니다. 그래서 이 책은 끝이 아닌 시작일 것이고, 현재로 불러온 꿈은 과거의 꿈이 아닌 미래를 향한 꿈이 될 것입니다.

KI신서 4155

스마트 권력이 바꾸고 있는 것들

1판 1쇄 인쇄 2012년 8월 6일
1판 1쇄 발행 2012년 8월 13일

지은이 이승제
펴낸이 김영곤 **펴낸곳** (주)북이십일 21세기북스
부사장 임병주
MC기획1실장 김성수 **BC기획팀** 심지혜 장보라 양으녕
출판개발실장 주명석 **편집1팀장** 박상문 **책임편집** 윤지영 **디자인** 씨디자인
마케팅영업본부장 최창규 **마케팅** 김현섭 강서영 **영업** 이경희 정병철
출판등록 2000년 5월 6일 제10-1965호
주소 (우 413-120) 경기도 파주시 문발동 회동길 201
대표전화 031-955-2100 **팩스** 031-955-2151 **이메일** book21@book21.co.kr
홈페이지 www.book21.com **트위터** @21cbook **블로그** b.book21.com

ⓒ 이승제, 2012

ISBN 978-89-509-3912-0 03340
책값은 뒤표지에 있습니다.